OperationPaperStorm, "A primeira vítima de uma guerra é a verdade", dez. 2010.

Quando o Google encontrou o WikiLeaks

JULIAN ASSANGE

Quando o Google encontrou o WikiLeaks

TRADUÇÃO **CRISTINA YAMAGAMI**

Copyright © Julian Assange, 2014
Copyright desta edição © Boitempo Editorial, 2015
Traduzido do original em inglês *When Google Met WikiLeaks*,
publicado nos Estados Unidos pela OR Books, Nova York.

Direção editorial
Ivana Jinkings

Edição
Bibiana Leme

Coordenação de produção
Livia Campos

Assistência editorial
Thaisa Burani

Tradução
Cristina Yamagami

Preparação
Mariana Echalar

Revisão
Daniela Uemura

Capa
Livia Campos
sobre projeto original de Molly Crabapple

Diagramação
Crayon Editorial

Equipe de apoio: Ana Yumi Kajiki, Artur Renzo, Elaine Ramos, Fernanda Fantinel, Francisco dos Santos, Isabella Marcatti, Kim Doria, Marlene Baptista, Maurício dos Santos, Nanda Coelho e Renato Soares.

CIP-BRASIL. CATALOGAÇÃO-NA-FONTE
SINDICATO NACIONAL DOS EDITORES DE LIVROS, RJ

A862q

Assange, Julian, 1971-
   Quando o Google encontrou o WikiLeaks / Julian Assange ; tradução Cristina Yamagami. - 1. ed. - São Paulo : Boitempo, 2015.

   Tradução de: When Google met WikiLeaks
   ISBN 978-85-7559-423-0

   1. Google (Firma). 2. Ferramenta de busca na Web. 3. Pesquisa na Internet. I. Título.

15-18962   CDD: 025.04
                                                            CDU: 007

É vedada a reprodução de qualquer
parte deste livro sem a expressa autorização da editora.

Este livro atende às normas do acordo ortográfico em vigor desde janeiro de 2009.

1ª edição: fevereiro de 2015

BOITEMPO EDITORIAL
Jinkings Editores Associados Ltda.
Rua Pereira Leite, 373
05442-000 São Paulo SP
Tel./fax: (11) 3875-7250 / 3875-7285
editor@boitempoeditorial.com.br | www.boitempoeditorial.com.br
www.blogdaboitempo.com.br | www.facebook.com/boitempo
www.twitter.com/editoraboitempo | www.youtube.com/imprensaboitempo

Sumário

Apresentação: WikiLeaks e as tecnologias de controle –
Sérgio Amadeu da Silveira 11

Prefácio à edição brasileira – Julian Assange 19

1. Além do bem e do "não seja mau" 23
2. A banalidade do "não seja mau" 55
3. Ellingham Hall, 23 de junho de 2011 61
      Dos que veem aos que agem 62
      A importância da nomeação 69
      A comunicação em momento de revolução 82
      Censura é sempre motivo de celebração 85
      O sigilo é criminogênico 94
      Interlúdio 104
      Não é fácil fazer um WikiLeaks 108
      Divulgação total 113
      O processo é o resultado 123
4. Livrai-nos do "não seja mau" 145
      A nova era digital após Snowden 149
5. Breve histórico do caso Estados Unidos *versus* WikiLeaks 153
      O grande júri contra o WikiLeaks 153

A perseguição a Chelsea Manning 155

Clamor pelo assassinato de Julian Assange e o WikiLeaks Task Force 155

Censura direta 156

Campanhas de vigilância e subversão contra o WikiLeaks 156

Censura financeira: o bloqueio bancário 157

Apreensão de registros eletrônicos 158

Ameaças simultâneas 159

Asilo 160

Agradecimentos 163

Para a minha família,
que amo e me faz muita falta.

Trabalho de Colin Dunn, "WikiLeaks releases 250,000 confidential cables from American diplomats", 29 nov. 2010.

Headbone connected to the headphones
Headphones connected to the iPhone
iPhone connected to the Internet
Connected to the Google
Connected to the government
*– M.I.A., "The Message"**

---

* "Ouvidos ligados aos fones de ouvido/ Fones de ouvido ligados ao iPhone/ iPhone ligado à internet/ Ligada ao Google/ Ligado ao governo" (letra da canção "The Message", da artista e ativista britânica Mathangi Maya Arulpragasam, mais conhecida como M.I.A.). (N. T.)

Nota sobre as referências

Para evitar links expirados, remetemos a maioria dos sites citados neste livro ao serviço de arquivamento **archive.today**.

Visite o link do **archive.today** citado na nota para encontrar a referência à página original na internet.

No caso de o próprio **archive.today** estar indisponível, uma cópia de cada um desses links está disponível em: <**when.google.met.wikileaks.org**>.

Para acessar a cópia, basta substituir <**archive.today**> no link por <**when.google.met.wikileaks.org**>. Por exemplo, para o link <**archive.today/r2rur**>, basta digitar: <**when.google.met.wikileaks.org/r2rur**>.

Um arquivo com todas as referências pode ser encontrado no *magnet link*: <**magnet:?xt=urn:btih:744ac8007e1e72e99fc27c561916b3b48daef743**>.

APRESENTAÇÃO
WikiLeaks e as tecnologias de controle

Este livro é um alerta. Ele traz a entrevista que Julian Assange deu à equipe do Google, em junho de 2011, na sua então prisão domiciliar em Norfolk, Inglaterra. Também responde ao desvirtuamento dessa entrevista ao ser publicada por Eric Schmidt, presidente do Google, e Jared Cohen, diretor do Google Ideas. O livro apresenta, no último capítulo, uma síntese bem elaborada do confronto entre os Estados Unidos e o WikiLeaks. Talvez as informações mais surpreendentes do texto estejam na Introdução. Nela, Assange liga nomes, fatos e instituições, deixando evidente que o Google não é uma mera empresa inovadora que distribui aplicativos e constrói plataformas para nos alegrar e nos permitir fazer mais por nós mesmos. O Google se tornou uma corporação que integra o sistema de controle, vigilância e expansão de poder do Estado norte-americano.

O alerta sobre o Google é também um aviso acerca da natureza ambivalente das tecnologias de informação e comunicação. É a lembrança de que o poder não se faz por meio da tecnologia somente, mas está embutido na própria tecnologia. Redes digitais e seus dispositivos não são neutros. Seus arranjos e limites embarcados em protocolos e códigos são programados para cumprir determinações, muitas vezes de ordem geoestratégica, política e econômica. Um algoritmo do Google ou do Facebook funciona de um determinado modo não porque não haveria outra forma de funcionar, mas porque foi concebido daquele modo. Muitas pessoas pensam que o mundo da tecnologia é o mundo da ausência das relações de poder. Este livro mostra que elas estão enganadas. Exatamente por isso, os hackers são e serão cada vez mais importantes nas disputas entre concentração e distribuição do poder.

Schmidt e Cohen, ao responderem à resenha crítica escrita por Assange sobre o livro *The New Digital Age: Transforming Nations, Businesses, and Our Lives*, afirmaram que "não entendem como grandes empresas de tecnologia podem ameaçar a liberdade das pessoas" e que tal proposição "desvia a nossa atenção do verdadeiro problema". Ninguém duvida que Estados são organizações que podem destruir, limitar e controlar a vida das pessoas. A grande questão está na impossibilidade de Estados conduzirem sua biopolítica sem a participação de grandes e pequenas firmas. Podemos começar a mostrar a relação entre grandes corporações e a destruição das liberdades observando o período nazista. Há provas consistentes da importância decisiva da tecnologia Hollerith de cartões perfurados da IBM para a execução do holocausto[1]. Os códigos da IBM eram gravados nos braços dos prisioneiros do nazismo e permitiam a identificação, seleção e controle massivo do processo de extermínio. Mas a atual e persistente demolição dos direitos não é tão evidente como a praticada no período nazista.

As tecnologias de informação e comunicação integram o cotidiano de nossas sociedades. Utilizamos computadores, roteadores, servidores, celulares, softwares e aplicativos que facilitam nossa vida, aumentam nossa produtividade, melhoram nossa capacidade de interagir em grupo e são capazes de converter qualquer produção imaterial em *bits*, em sequências numéricas de zeros e uns. Nosso senso comum indica que essas tecnologias são produtos que simplesmente compramos e usamos. Elas precisariam apenas funcionar bem. Não deveríamos fazer nenhuma avaliação crítica para além de suas qualidades fartamente divulgadas pelo marketing das empresas que as desenvolvem. Assim como não precisamos saber como funciona o sistema de freios hidráulicos de um veiculo para poder dirigi-lo, muitos dizem que pouco importa o que os softwares contêm e de que forma foram escritos.

Ocorre que as tecnologias da informação são tecnologias da inteligência. Elas não ampliam a nossa força física, mas aumentam nossa capacidade de armazenar, processar e transferir informações. Elas interferem em nossa cognição e nas possibilidades do nosso pensamento. Podem ampliar, restringir, moldar e limitar nosso modo de comunicar, interagir, redigir e organizar informações. No brilhante ensaio *Filosofia da caixa preta*, o filósofo Vilém Flusser escreve que na "sociedade informática" – que também qualificou como o terreno do "imperialismo pós-industrial" – "o poder passou do proprietário para o programador de sistemas. Quem possui o aparelho não exerce o poder, mas quem o programa e quem realiza o programa"[2]. As grandes corporações de tecnologia, cada vez mais empresas de entretenimento e relacionamento digitais, buscam o controle de nossas opções cotidianas, e nisso reside o seu negócio. Controlar e enredar o maior número de pessoas em suas teias de controle é o principal caminho do capitalismo cognitivo.

Com segredos de funcionamento cuidadosamente perpetrados nos códigos-fonte dos softwares, as grandes corporações detêm o controle absoluto dos programas que licenciam para nós. As próprias licenças de uso deixam claro que não somos donos daquilo que pagamos para usar. Não podemos ler as rotinas que os programadores definiram para o funcionamento do software, nem podemos alterá-las ou evitar que funções indesejadas sejam removidas. Essas tecnologias fechadas disseminadas pelas grandes corporações são a base da espionagem e vigilância massivas executadas pelas agências dos Estados Unidos e seus aliados. O programa Prism, denunciado por Edward Snowden, dava à Agência de Segurança Nacional dos Estados Unidos (NSA, na sigla em inglês) acesso aos servidores de empresas como Google, Skype, Facebook, Apple e Microsoft, entre outras. Manipulando esses servidores, os agentes do Estado norte-americano poderiam acessar os e-mails armazenados de milhões de pessoas. Também poderiam utilizar os mecanismos que a Microsoft possui para vasculhar os computadores de usuários do sistema operacional Windows.

A Microsoft, antes mesmo das denúncias sobre a NSA divulgadas por Glenn Greenwald, já havia publicado na declaração de privacidade do Windows 8 que o computador de qualquer cidadão (e isso inclui a presidenta da República ou o ministro das Relações Exteriores do Brasil), ao utilizar esse sistema operacional, tinha suas informações coletadas quando a máquina era conectada à internet[3]. Os itens *collection and use of your information* (coleta e uso de suas informações) e *collection and use of information about your computer* (coleta e uso de informações sobre o seu computador) contêm afirmações esclarecedoras, tais como:

> A Microsoft pode acessar ou divulgar informações sobre você, incluindo o conteúdo de suas comunicações, a fim de: (a) cumprir a lei ou responder a solicitações legais ou processo legal; (b) proteger os direitos de propriedade da Microsoft ou de nossos clientes, incluindo a aplicação de contratos ou políticas que regem o seu uso do software; ou (c) agir de boa-fé quando acredita que tal acesso ou divulgação é necessária para proteger a segurança pessoal dos funcionários da Microsoft, de clientes ou do público.[4]

A NSA, ao acessar os servidores de corporações como a Microsoft, que possuem *backdoors* instalados (as "portas dos fundos" de seus produtos) ou mecanismos conhecidos como DRM (Digital Rights Management)[5], passa a ter em mãos os dispositivos que permitem vasculhar os computadores de seus alvos. Sem nenhuma dúvida, o poder da NSA está baseado numa grande teia de corporações de tecnologia da informação e comunicação que, tal como o Google, conta com a benevolência e a confiança dos próprios usuários.

O congressista Mike Rogers, eleito por Michigan, além de presidir o Comitê de Inteligência da Câmara dos Deputados dos Estados Unidos (The United States House Permanent Select Committee on Intelligence)[6], é um dos autores do projeto de lei denominado Cispa (Cyber Intelligence Sharing e Protection Act)[7]. Podendo ser traduzido como "projeto de lei de proteção e compartilhamento de inteligência cibernética", o Cispa pretende formalizar o compartilhamento de informação sobre a internet entre o governo dos Estados Unidos e as corporações de tecnologia. Trata-se da completa legalização do Prism, denunciado por Snowden. O objetivo declarado do projeto de lei é permitir que o setor privado ajude o governo norte-americano a investigar as ameaças cibernéticas, a fim de garantir a segurança das redes informacionais. Na página de apoio ao Cispa, o Comitê de Inteligência traz inúmeras declarações de empresas conhecidas por todos nós[8]. As cartas de apoio demonstram que, mais do que obrigação legal, os dirigentes das corporações se identificam com a postura de vigilância e espionagem massivas da internet.

Joel Kaplan, vice-presidente de políticas públicas do Facebook, enviou no dia 6 de fevereiro de 2012 a manifestação formal de sua empresa em apoio ao Cispa para os congressistas Mike Rogers e Dutch Ruppersberger, contendo a seguinte passagem:

> A segurança eficaz requer a cooperação dos setores privado e público, e a cooperação bem-sucedida requer o compartilhamento de informações. Sua legislação remove regras penosas que atualmente podem inibir a proteção do ecossistema cibernético e ajuda a fornecer uma estrutura mais estável para o compartilhamento de informações dentro da comunidade virtual, ao mesmo tempo que são respeitados os direitos de privacidade e as expectativas dos nossos usuários.[9]

Mary Ann Davidson, diretora de segurança da Oracle, também assinou uma declaração de apoio ao Cispa endereçada aos dois parlamentares, no dia 18 de fevereiro de 2013. Nela, fica evidente a intenção da grande corporação de analisar e trocar informações de clientes e usuários que possam ser suspeitos de ameaçar a segurança nacional:

> Seu projeto de lei poderá remover os obstáculos jurídicos fundamentais para o compartilhamento bidirecional de informações sobre cibersegurança entre o governo e a indústria. Em particular, a Oracle há muito tem defendido a partilha, entre as agências federais e o setor privado, de informações úteis a fim de agir sobre as ameaças cibernéticas mais avançadas de que trata o seu projeto de lei.[10]

É interessante notar que em todas as cartas que tratam da montagem desse ecossistema de vigilância e controle global que reúne as estruturas privadas e as agências de inteligência dos Estados Unidos aparece a apologia da defesa da privacidade. Como se fosse possível coletar dados de milhões de pessoas, processá-los nos servidores da NSA, aplicar a tecnologia de *big data*, *data mining*, selecionar palavras e frases suspeitas, relacioná-las com números IP e gastos em cartões de crédito, registros de biometria e até com as buscas feitas no Google ou com mensagens *inbox* do Facebook sem destruir o direito à intimidade e ao sigilo das comunicações. Sem matar, enfim, a privacidade.

A presidenta Dilma Rousseff, na abertura da 68ª Assembleia Geral das Nações Unidas, no dia 24 de setembro de 2013, denunciou a espionagem massiva norte-americana, afirmando que "dados pessoais de cidadãos foram indiscriminadamente objeto de interceptação. Informações empresariais, muitas vezes de alto valor econômico e mesmo estratégico, estiveram na mira da espionagem", deixando claro que a NSA não trabalha somente contra possíveis alvos terroristas. Em seu discurso, a presidenta brasileira não tergiversou sobre o momento que estamos vivendo ao afirmar que "empresas privadas estão sustentando essa espionagem"[11].

O fato é que as corporações de tecnologia participam de uma economia informacional em que boa parte do lucro advém da formação de uma microeconomia da interceptação de dados. O grande valor do Google não está em seus milhares de servidores, prédios, veículos ou terrenos, mas na sua capacidade de obter dados de milhões de pessoas no planeta e cruzá-los a fim de formar perfis de consumidores potenciais, organizar as características finas dos comportamentos e agrupar os diversos tipos de preferências culturais, econômicas e até mesmo ideológicas. O grande negócio do capitalismo cognitivo é a modulação dos comportamentos. Para isso, é indispensável obter informações constantes, se possível em tempo real, dos potenciais consumidores de algo que essas corporações podem oferecer enquanto se deslocam pelo espaço, conectados pelas redes digitais.

Algumas pessoas poderiam considerar exagerada a afirmação de Julian Assange de que "a influência do Google sobre as escolhas e o comportamento de todos os seres humanos se traduz em um poder concreto de influenciar o rumo da história". Mas o que podemos dizer do processo de filtragem das buscas realizadas? Já há algum tempo, o Google coleta informações sobre as buscas e os cliques que cada usuário realiza, cruzando tais informações com inúmeras outras obtidas pelos cookies, webtags e outras tecnologias de intrusão no computador das pessoas. Cada usuário ganha um número identificador que permite aprimorar constantemente seu perfil quanto mais ele utiliza os serviços das empresas do Google, que vão desde vídeos no YouTube até o Google Maps. A pesquisa nos buscadores de informação do Google utiliza um processo que tem sido chamado de *filter bubble* (uma bolha de filtragem). O software do Google identifica quem está fazendo a busca e, por meio de um algoritmo, seleciona as informações que considera úteis e importantes para cada usuário, conforme cada perfil. O Facebook utiliza a mesma tecnologia de bolha para inserir uma e não outra postagem na *timeline* dos seus membros. Esse processo de filtragem faz com que uma mesma busca tenha resultados bem diferentes conforme quem a realiza. O ativista Eli Pariser escreveu o livro *The Filter Bubble: What the Internet is Hiding from You*[12] para alertar e expor os riscos do isolamento intelectual, cultural e ideológico que se originam dessas bolhas informativas. Desse modo, as corporações decidem o que devemos ver e o que é importante para nossos interesses.

As técnicas de filtragem, intrusão e interceptação, utilizadas fartamente pelo mercado para modular o comportamento de consumidores, são extremamente úteis para as forças que comandam o Estado norte-americano. Depois de 11 de setembro de 2001, esses grupos dirigentes incrustados nas esferas de poder global implementaram o que Giorgio Agamben chamou de Estado de Exceção[13]. Inverte-se a presunção de inocência e todo e qualquer habitante do mundo passa a ser considerado um terrorista em potencial. Direitos são suspensos. Ganha força o estranho pensamento de que a Constituição democrática deve ser anulada para que possa ser defendida. Guantánamo torna-se um padrão. Pessoas são presas em territórios onde nenhuma lei existe, onde impera a legitimidade exclusiva da força. Estrategistas de renome, tais como Joseph Nye, justificam que "a redução dos custos de entrada, o anonimato e as assimetrias nas vulnerabilidades significam que os atores menores têm mais capacidade de exercer o poder coercivo (*hard power*) e o persuasivo (*soft power*) no ciberespaço do que em muitos outros domínios tradicionais da política mundial"[14]. Assim, ativistas, hackers e militantes de direitos humanos são tratados como potenciais terroristas. Julian Assange é um prisioneiro nesse cenário do poder excepcional, e a verdade divulgada pelo WikiLeaks afronta as razões do Estado norte-americano. Mesmo com asilo político concedido pelo Equador, o governo liberal inglês não permite que Assange possa se locomover até o aeroporto para exercer um direito assegurado por tratados internacionais.

No sentido contrário às expectativas dos articuladores da vigilância, do controle e da espionagem massiva, a sociedade civil brasileira conseguiu aprovar no Parlamento uma lei que garante os princípios básicos que estão na origem da internet. O chamado Marco Civil da Internet, escrito de modo colaborativo em uma plataforma online, visa assegurar os direitos e garantias fundamentais para o cidadão brasileiro que utiliza a rede mundial de computadores. Trata-se de uma lei de princípios que só foi aprovada porque reuniu hackers, coletivos autonomistas e ativistas da liberdade com movimentos sociais tradicionais e forças políticas da velha esquerda, em uma ação que contou com o apoio decisivo da presidenta da República. Sem dúvida, a explosão das manifestações de rua em junho de 2013 e as denúncias de Edward Snowden ajudam a explicar a mudança de posição do governo brasileiro e de diversas forças políticas que desconsideravam a internet como algo fundamental. O Marco Civil, aprovado no início de 2014, pretende efetivar a neutralidade da rede e a liberdade de expressão, criação e navegação, bem como a privacidade online.

O Brasil é um país de contrastes. Acaba de eleger um parlamento conservador, mas possui um expressivo movimento de software livre, inúmeros coletivos de cultura digital, diversos grupos que defendem a diversidade, os direitos humanos e a liberdade na rede. Não foi por outro motivo que a resistência à espionagem e à vigilância global ganhou terreno por aqui. O espírito de resistência e de construção de alternativas ao poder imperial levou Jéremie Zimmermann, ativista francês integrante da organização La Quadrature du Net, a afirmar que o maior evento de disseminação de criptografia e defesa da privacidade ocorreu em abril de 2014 em São Paulo, a Cryptorave, onde aproximadamente 2.500 pessoas participaram de 24 horas de oficinas, palestras e encontros em defesa da liberdade e da privacidade na rede. A resistência ao poder das corporações também passa pela tecnologia, em sua ambivalência. Resistir é reconfigurar as práticas sociotécnicas, recombinar seus componentes e ampliar a liberdade e os canais para deixar evidentes as relações de poder. É o que Julian Assange faz quando nos revela seu encontro com o Google.

Sérgio Amadeu da Silveira
Janeiro de 2015

Notas

[1] Uma lista de documentos que ligam a IBM ao nazismo foi reunida pelo jornalista Edwin Black no livro *IBM and the Holocaust: The Strategic Alliance Between Nazi Germany and America's Most Powerful Corporation* (Nova York, Crown, 2001), republicado em 2012.

[2] Vilém Flusser, *Filosofia da caixa preta: ensaios para uma futura filosofia da fotografia* (São Paulo, Hucitec, 1985), p. 17.

[3] A declaração de privacidade (Privacy Statement) do Windows 8 e do Windows Server 2012 está disponível em: <windows.microsoft.com/en-US/windows-8/windows-8-privacy-statement#T1=statement&section_2>. Acesso em 4 jan. 2015.

[4] A passagem foi livremente traduzida do seguinte trecho da "Windows 8 and Windows Server 2012 Privacy Statement": "*Microsoft may access or disclose information about you, including the content of your communications, in order to: (a) comply with the law or respond to lawful requests or legal process; (b) protect the rights or property of Microsoft or our customers, including the enforcement of our agreements or policies governing your use of the software; or (c) act on a good faith belief that such access or disclosure is necessary to protect the personal safety of Microsoft employees, customers, or the public*".

[5] Gerenciamento de Direitos Digitais, em português. É um conjunto de tecnologias utilizadas pelos fabricantes de hardwares e softwares e por editores de conteúdo com o objetivo de controlar a utilização dos produtos digitais e dispositivos após sua venda, buscando identificar ou impedir a realização de cópias não autorizadas. Na Wikipedia, o DRM é definido sinteticamente como um conjunto de tecnologias de controle de acesso. Diversos softwares possuem a tecnologia DRM embutida. O DRM permite, por exemplo, que a empresa proprietária do sistema operacional entre no computador do usuário para saber se existem aplicativos ou conteúdos que foram instalados sem o pagamento de licenças. Para saber mais, acesse: <en.wikipedia.org/wiki/Digital_rights_management>.

[6] Disponível em: <intelligence.house.gov/>. Acesso em 4 jan. 2015.

[7] Para saber mais sobre o Cispa, acesse: <en.wikipedia.org/wiki/Cyber_Intelligence_Sharing_and_Protection_Act>.
[8] Disponível em: <intelligence.house.gov/hr-624-letters-support>. Acesso em 4 jan. 2015.
[9] Aqui em tradução livre. A passagem original é: "*Effective security requires private and public sector cooperation, and successful cooperation necessitates information sharing. Your legislation removes burdensome rules that currently can inhibit protection of the cyber ecosystem, and helps provide a more established structure for sharing within the cyber community while still respecting the privacy rights and expectations of our users*".
[10] Aqui em tradução livre. A declaração original da Oracle é: "*Your bill would remove key legal obstacles to effective bi-direcional cybersecurity information sharing between the government and industry. In particular, Oracle has long called for timely sharing by federal agencies with private sector of actionable information about the most advanced cyber threats, which your bill promotes*".
[11] A íntegra do discurso da presidenta Dilma Rousseff na ONU encontra-se disponível em: <www2.planalto.gov.br/acompanhe-o-planalto/discursos/discursos-da-presidenta/discurso-da-presidenta-da-republica-dilma-rousseff-na-abertura-do-debate-geral-da-68a-assembleia-geral-das-nacoes-unidas-nova-iorque-eua>. Acesso em 4 jan. 2015.
[12] Eli Pariser, *The Filter Bubble: What the Internet is Hiding from You* (Nova York, Penguin, 2011).
[13] Giorgio Agamben, *Estado de exceção* (São Paulo, Boitempo, 2004), coleção Estado de Sítio.
[14] Joseph S. Nye, Cyber Power (Cambridge-MA, Harvard Kennedy School, 2010), p. 19. Disponível em: <belfercenter.ksg.harvard.edu/files/cyber-power.pdf>. Aqui em tradução livre.

Prefácio à edição brasileira

Este livro tem dois objetivos. Por um lado, os ensaios iniciais apresentam uma crítica à política da internet comercial. Por outro, a discussão que se segue tenta descrever uma possível alternativa. Deixarei o último falar por si, mas gostaria de fazer, para os leitores brasileiros, um comentário sobre o primeiro.

As críticas contidas em *Quando o Google encontrou o WikiLeaks* claramente almejam o Google. Em parte, isso se deve às intrigas ocorridas entre o Google e o WikiLeaks e a consequente disponibilidade de provas. No entanto, algumas pessoas acham isso injusto, porque o Google é apenas uma das muitas grandes empresas norte-americanas da internet cujo posicionamento de mercado tem possibilitado um poder político inaceitável. Acham que escolhi o Google com base em uma forma de discriminação.

É bem verdade que o Google não é a única empresa que deixa de praticar o lema "Não seja mau". No entanto, apesar de o Facebook e outras empresas merecerem as próprias críticas, o Google exemplifica os terríveis perigos da internet corporativa. Desde muito cedo, seus fundadores perceberam que o processamento de informações em grande escala os colocaria no centro de tudo. A missão ideológica do Google sempre foi devorar dados só por devorar dados. Essa missão e o considerável nível de genialidade aplicado em sua execução deram imensas vantagens estratégicas para a empresa. Hoje em dia, o Google tem seus tentáculos sobre todas as mais importantes fontes de dados de usuários individuais da internet que a empresa consegue agarrar. Desde 2013, as ambições da empresa e de seus líderes assumiram uma grandiosidade delirante e, mesmo assim, muitas dessas ambições estão, considerando o estado atual da tecnologia, ao alcance do Google, dentro dos limites das possibilidades. O Google se transformou na dissimulada potência hegemônica da internet comercial.

Por extensão, uma crítica contra o Google pode representar uma crítica contra a internet comercial em geral. É um exemplo do tipo de mentalidade que nós, como cidadãos da internet, deveríamos aplicar a todos os atores corporativos on-line. Comentários sobre a política da internet têm se mantido rudimentares e escassos por tempo demais. O supremo aparato de relações públicas de corporações como o Google aliciou desde o início quase toda a imprensa do setor da tecnologia. Em consequência, o jornalismo especializado tem se concentrado em novidades tecnológicas e novos e empolgantes "serviços", voltando-se apenas aos observadores e participantes da "indústria", ignorando as consequências de algumas dessas novas tecnologias. Nos raros casos em que a política entra em pauta, as análises são simplistas e infantis: evangelistas da tecnologia instalados na corte imperial discursando ao mundo sobre todas as maneiras com que as empresas de internet norte-americanas oferecem novas "liberdades" temporárias e altamente qualificadas aos usuários de internet do hemisfério sul do planeta.

Esse discurso precisa se espalhar rapidamente. Megacorporações da internet têm recursos diferentes de megacorporações como a Boeing, a Goldman-Sachs, a Chevron ou a Monsanto: seu poder provém de deter a propriedade da infraestrutura das nossas comunicações. No entanto, em sua essência, as megacorporações da internet não são fundamentalmente diferentes. Sua constituição jurídica é praticamente a mesma, seu aparato corporativo só difere um pouco e todas elas vivem no mesmo *habitat*: o capitalismo globalizado do século XXI. Com seu crescimento, essas megacorporações acumulam, por direito próprio, poder suficiente para participar do grande jogo da geopolítica global. Em outras palavras, elas se tornam mecanismos viáveis para a operação do império. Uma corporação norte-americana da internet grande o suficiente representa uma ameaça potencial para a soberania e a segurança de países como o Brasil, a Índia, a Rússia ou o Irã no mesmo patamar que uma companhia de energia ou uma fabricante de armamentos norte-americana. Ou, aliás, um órgão do governo dos Estados Unidos.

Em suma, essa é a parte da crítica que acredito ser mais importante para os leitores brasileiros e da América Latina. Nos últimos meses, após o caso Edward Snowden, muitos brasileiros passaram a entender, melhor que a população de outros países, a intensa importância geopolítica da dominância do governo norte-americano sobre as fontes e os fluxos de informação na internet. No entanto, a posição igualmente dominante de corporações norte-americanas, como o Google, embora menos fácil de visualizar, não deve ser ignorada. À medida que o Brasil tenta desenvolver alternativas infraestruturais aos fluxos de dados interceptados pelos Estados Unidos para minimizar a vulnerabilidade do país à espionagem por parte do governo norte-americano, os brasileiros devem receber com cautela corporações norte-americanas que chegam trazendo presentes.

Os brasileiros devem se conscientizar de que, quando usam os "serviços" do Google, estão sendo aliciados para entrar em um relacionamento com uma megacorporação estrangeira global muitos milhões de vezes mais poderosa do que eles e sujeita a poucos mecanismos de prestação de contas. Quando uma parcela significativa da internet brasileira entrar nesse relacionamento, o Google passará a competir agressivamente com atores brasileiros mais legítimos no país para conquistar uma influência maior sobre o público brasileiro. Como este livro busca mostrar, as ações do Google têm muitos interesses de política externa em comum com o governo norte-americano. E os interesses do Google não estão alinhados com os interesses da política brasileira.

Assim, o Google deve ser identificado como a potência estrangeira que é e ser tratado de acordo, com alternativas nacionais, se possível, e contramedidas legislativas, se necessário.

Julian Assange
Outubro de 2014

Estêncil de Banksy em Londres fotografado em 2005 pela usuária do Flickr nolifebefore-coffee.

I
Além do bem e do "não seja mau"

Eric Schmidt é uma figura influente, mesmo no verdadeiro desfile de poderosos com que cruzei desde que fundei o WikiLeaks. Em meados de maio de 2011, eu estava em prisão domiciliar na região rural de Norfolk, a cerca de três horas de carro a nordeste de Londres. A repressão contra o nosso trabalho estava no auge e cada minuto desperdiçado parecia uma eternidade. Não era fácil tirar meu foco. Mas, quando meu colega Joseph Farrell me disse que o presidente do conselho executivo do Google queria me ver, isso chamou a minha atenção.

Em alguns aspectos, o alto escalão do Google me parecia mais distante e obscuro que os corredores de Washington. Àquela altura, fazia anos que discutíamos com os principais representantes do governo norte-americano. A aura de mistério já tinha se dissipado. No entanto, os centros de poder que vinham se desenvolvendo no Vale do Silício ainda eram obscuros e de repente vi uma chance de entender e influenciar uma empresa que estava se tornando a mais influente do planeta. Schmidt assumiu o comando do Google como CEO e o transformou em um verdadeiro império[1].

Fiquei intrigado com o fato de a montanha vir a Maomé. Contudo, só muito depois da partida de Schmidt e seus colegas é que entendi o verdadeiro objetivo da visita.

* * *

O motivo com o qual justificaram o encontro foi um livro. Schmidt estava escrevendo um artigo com Jared Cohen, diretor do Google Ideas, uma unidade que se descreve como o *think/do tank* do Google. Na época, eu sabia muito pouco sobre Cohen. Na verdade, ele saiu do Departamento de Estado norte-americano e foi para o Google em 2010. Era um sujeito falante da "geração Y", um homem de ideias de vinte e poucos anos que trabalhou no Departamento de Estado sob dois governos, um bajulador do mundo dos *think/do tanks* e das instituições políticas. Tornou-se consultor de Condoleezza Rice e Hilláry Clinton, ambas secretárias de Estado. Na Equipe de Planejamento de Políticas, Cohen ganhou o apelido de "animador de festas da Condi", introduziu o jargão do Vale do Silício nos círculos políticos norte-americanos e criou expressões curiosas, como "Diplomacia Pública 2.0"[2]. Em sua página no site do Conselho de Relações Exteriores, descreve sua experiência com termos como "terrorismo; radicalização; impacto das tecnologias de conexão na política do século XXI; Irã"[3].

Foi Cohen, quando ainda estava no Departamento de Estado, que teria enviado um e-mail a Jack Dorsey, o CEO do Twitter, pedindo que ele adiasse a manutenção programada do sistema para ajudar a onda de protestos no Irã em 2009[4]. Segundo os registros, seu caso de amor com o Google começou naquele mesmo ano, quando ele e Eric Schmidt avaliaram juntos as ruínas de Bagdá após a ocupação. Poucos meses depois, Schmidt reproduziu no Google o *habitat* natural de Cohen, criando um "*think/do tank*" em Nova York e designando Cohen para liderar a unidade. Assim nasceu o Google Ideas.

Mais tarde, naquele mesmo ano, os dois escreveram juntos um artigo político para a revista *Foreign Relations*, do Conselho de Relações Exteriores, no qual elogiavam o potencial reformador das tecnologias do Vale do Silício como um instrumento da política externa norte-americana[5]. Descrevendo o que chamaram de "coalizões dos conectados"[6], Schmidt e Cohen declararam:

> Os Estados democráticos que desenvolveram coalizões para suas Forças Armadas podem fazer o mesmo com suas tecnologias de conexão. [...] Eles oferecem uma nova maneira de exercer o *dever de proteger* os cidadãos ao redor do mundo. [Grifo nosso][7]

No mesmo artigo, eles argumentam que "essa tecnologia é fornecida, em sua maioria esmagadora, pelo setor privado".

Em fevereiro de 2011, menos de dois meses depois da publicação do artigo, o presidente egípcio, Hosni Mubarak, foi deposto por uma revolução popular. O Egito era freguês dos Estados Unidos e a ditadura militar egípcia contava com o apoio de Washington para manter os "interesses geopolíticos [norte-americanos] na região"[8]. Nos estágios iniciais da revolução, as elites políticas do Ocidente apoiaram Mubarak. O vice-presidente norte-americano, Joe Biden, que apenas um mês antes afirmara que "Julian Assange" era um "terrorista *high tech*", agora informava ao mundo que Hosni Mubarak "não era um ditador" e ressaltava que ele não deveria renunciar[9]. O ex-primeiro-ministro britânico Tony Blair frisou que Mubarak era "extremamente corajoso e uma força voltada para o bem"[10]. Já a secretária de Estado norte-americana, Hillary Clinton, caracterizou os Mubaraks como "amigos de família"[11].

Contudo, uma leitura mais atenta de comunicados internos mostra que o Departamento de Estado norte-americano passou anos apostando nos dois lados, apoiando e cooptando membros da sociedade civil egípcia e ao mesmo tempo ajudando a manter Mubarak no poder. Entretanto, quando o *establishment* norte-americano se deu conta de que Mubarak estava para cair, eles correram atrás de alternativas. Primeiro tentaram levar ao poder um sucessor que secretamente preferiam, Omar Suleiman – o odiado diretor do Serviço de Inteligência do Egito. Mas a própria correspondência diplomática do Departamento de Estado, que publicamos em grande volume na época, fazia uma avaliação franca do histórico de Suleiman. Ele era o principal torturador do Egito, o braço direito da CIA no país e a escolha de Israel para substituir Mubarak[12]. Por essas e outras razões, Suleiman perdeu apoio internacional e os egípcios o rejeitaram da mesma forma como rejeitaram Mubarak. Nunca dispostos a apoiar um perdedor, os Estados Unidos deram meia-volta e tentaram se plantar na frente da multidão. A hesitação prévia foi prontamente esquecida e o caminho longo e tortuoso da revolução egípcia foi reinterpretado por Hillary Clinton como um triunfo para as empresas de tecnologia norte-americanas e, mais tarde, para o próprio Departamento de Estado[13].

De repente, todo mundo queria estar na interseção do poder global norte-americano com as mídias sociais, e Schmidt e Cohen já tinham demarcado seu território. Com o título provisório de *The Empire of the Mind* [O império da mente], eles começaram a transformar o artigo original em livro e agendaram encontros com os grandes nomes da tecnologia e das potências mundiais como parte de suas pesquisas.

Eles disseram que queriam me entrevistar. Eu concordei.

Marcamos para junho.

* * *

À medida que o dia da reunião se aproximava, já tínhamos muito o que conversar. Naquele verão, o WikiLeaks ainda estava ocupado com a divulgação dos comunicados diplomáticos* norte-americanos e publicava milhares todas as semanas.

---

* Em inglês, *cables*, traduzido aqui como "comunicados diplomáticos". São mensagens confidenciais entre uma missão diplomática, como uma embaixada ou consulado, e o Ministério de Relações Internacionais de seu país de origem. Em virtude de sua importância e caráter confidencial, são protegidos por elaboradas precauções de segurança, como criptografia e transporte por correio diplomático, para impedir o acesso do público e a interceptação por governos estrangeiros. (N. T.)

Sete meses antes, quando começamos a divulgá-los, Hillary Clinton disse que a publicação era "um ataque à comunidade internacional" e ameaçava "destruir as bases" do governo. De certa forma, ela estava certa.

Em muitos países, as "bases" a que Clinton se referia sustentavam-se em mentiras: quanto mais autoritário o país, maior a mentira. Quanto mais uma facção dependia dos Estados Unidos para manter seu poder, mais ela enchia os ouvidos dos norte-americanos contra rivais de outras facções. Esse padrão se repetia nas capitais de todo o mundo: um sistema inconstante de lealdades secretas, trocas de favores e falsos consensos, em que se diz uma coisa em público e se defende o contrário entre quatro paredes. A escala e a diversidade geográfica das publicações do WikiLeaks superaram a capacidade do Departamento de Estado de lidar com a crise. Relações foram rompidas e deixaram lacunas que seriam preenchidas por décadas de ressentimento[14].

A "destruição das bases" do governo apareceu quase imediatamente na África do Norte. Em 28 de novembro de 2010, os primeiros comunicados diplomáticos foram publicados em um ambiente político instável. A corrupção do regime de Zine el-Abidine Ben Ali não era mais segredo na Tunísia, onde a população sofria com a pobreza generalizada, os altos níveis de desemprego e a repressão do governo, enquanto os queridinhos do regime davam grandes festas e protegiam seus amigos. Os próprios documentos internos do Departamento de Estado sobre a decadência do governo de Ben Ali começaram a instigar a ira da população e os apelos à ação entre os tunisianos. O ministro da Propaganda de Ben Ali, Oussama Romdhani, confessou depois que nossos vazamentos foram "o golpe de misericórdia, a gota d'água que derrubou o sistema de Ben Ali"[15]. O regime começou a censurar os comunicados on-line, enfurecendo ainda mais a população. O WikiLeaks, os jornais *Al Akhbar* e *Le Monde* desapareceram da rede tunisiana e foram substituídos pela mensagem "Ammar 404": "Página não encontrada". O site de divulgação tunisiano nawaat.org reagiu, divulgando a tradução dos comunicados diplomáticos e contornando o sistema de censura do país. Durante vinte dias os ânimos ferveram, até que em 17 de dezembro um jovem vendedor de frutas, Mohamed Bouazizi, desesperado com o assédio de fiscais corruptos, pôs fogo em si mesmo. Morto, ele se transformou em um símbolo, e a rebelião tomou as ruas.

As manifestações se alastraram até o ano-novo. Em 10 de janeiro, quando a Tunísia ainda protestava, Hillary Clinton embarcou para o que chamou de "turnê de desculpas" pelos estragos causados pelo WikiLeaks, começando pelo Oriente Médio[16]. Quatro dias depois, o governo da Tunísia caiu. Onze dias depois da queda do governo tunisiano, a agitação civil se alastrou para o Egito. As imagens foram transmitidas por satélite para toda a região pela rede Al Jazeera, do Qatar, que não tinha como ser bloqueada. Em um mês houve "dias de fúria" e protestos civis no

Iêmen, Líbia, Síria e Bahrein e grandes manifestações na Argélia, Iraque, Jordânia, Kuwait, Marrocos e Sudão. Houve manifestações até na Arábia Saudita e Omã. O ano de 2011 foi marcado por uma grande onda de despertar político, ações de repressão e intervenções militares oportunistas. Em janeiro, Muamar Kadafi denunciou o WikiLeaks[17]. No fim do ano, ele estava morto.

A onda de agitação revolucionária varreu a Europa e outras regiões do planeta. Quando me encontrei com Schmidt em junho, a Puerta del Sol tinha sido ocupada e manifestantes enfrentavam a polícia em praças de toda a Espanha. Manifestantes montaram acampamentos em Israel. O Peru testemunhou protestos e mudanças no governo[18]. O movimento estudantil chileno tomou as ruas. A sede do governo de Wisconsin, em Madison, foi ocupada por dezenas de milhares de pessoas que defendiam os direitos dos trabalhadores[19]. Protestos estavam prestes a irromper na Grécia e em Londres.

Junto com as mudanças nas ruas, a internet passou rapidamente de um meio de comunicação apático para um *demos*, um *povo* com cultura, valores e aspirações comuns. Tornou-se um espaço em que a história acontece, um espaço com o qual as pessoas se identificavam e até sentiam que *vinham* dele.

O tratamento que o governo dos Estados Unidos deu a Chelsea Manning, suposta fonte dos comunicados diplomáticos do Departamento de Estado norte-americano, foi testemunhado pelo mundo inteiro. Em junho, uma campanha global, coordenada pela internet, pressionou o governo a parar de torturar Manning[20].

O bloqueio financeiro dos Estados Unidos contra o WikiLeaks provocou enormes manifestações de negação de serviço* por parte de uma juventude conectada até então apolítica. O Anonymous – antes um meme obscuro da internet – se tornou o aríete da ideologia política emergente da internet.

Com uma invasão eletrônica espetacular e sobrecarga de dados, hackers simpatizantes que agiam sob a bandeira do Anonymous expuseram uma campanha de subversão de US$ 2 milhões mensais contra o WikiLeaks e seus aliados (entre eles o repórter Glenn Greenwald) que foi idealizada por um grupo de empresas de segurança privada em nome do Bank of America[21].

Barrett Brown, um jovem e talentoso jornalista *freelance*, começou a investigar a relação entre Estado e segurança privada e acabou preso[22]. O Bitcoin, que tinha um valor irrisório, se igualou ao dólar[23]. E, em junho, nomes como "Operation: Empire State Rebellion" [Operação: rebelião no Empire State] e "US Day of Rage" [Dia de fúria nos Estados Unidos] já reverberavam pela internet como os primeiros ecos do desencanto popular que, em setembro, culminaria no Occupy Wall Street.

---

* Tentativa de indisponibilizar um sistema de serviços ao usuário, como servidores de internet, por meio de sobrecarga. (N. T.)

O mundo estava em chamas, mas os campos em volta de Ellingham Hall continuavam adormecidos. Norfolk era um cenário idílico, mas a minha situação estava longe de ser a ideal. Impossibilitado de sair de lá, em regime de prisão domiciliar, eu me via em desvantagem tática. O WikiLeaks sempre foi uma operação de guerrilha. Atraíamos a vigilância e a censura para uma jurisdição e nos transferíamos para outra, cruzando fronteiras como fantasmas. Mas, em Ellingham, eu era um bem imóvel em estado de sítio. Não tínhamos mais como escolher nossas batalhas. As frentes se abriam por todos os lados. Tive de aprender a pensar como um general. Estávamos em guerra.

Nossa "base industrial" estava sendo bombardeada. A infraestrutura física e humana do WikiLeaks desaparecia, ao mesmo tempo que os bancos nos colocavam sob bloqueio financeiro extralegal; enquanto isso, empresas de comunicação, governos estrangeiros e nossas redes humanas eram pressionados por Washington. Embora eu não tenha sido acusado de nenhum crime, os recursos contra a minha extradição se multiplicavam, sugavam as minhas economias e meu tempo e ameaçavam decapitar o WikiLeaks a qualquer momento[24].

Todo mês havia notícias de mais uma nova força-tarefa do governo. Tantos órgãos norte-americanos e australianos foram envolvidos que os dois países começaram a mencionar ações "em todas as esferas do governo" em seus documentos internos[25]. Só o "Centro de Operações contra o WikiLeaks" do Pentágono tinha mais de uma centena de pessoas[26]. Um grande júri* foi convocado contra mim e minha equipe, e continua ativo enquanto escrevo este livro[27]. O FBI manteve os ataques contra nossa rede humana, tentando recrutar informantes. De repente, um mundo de gente tinha a palavra "WikiLeaks" estampada em cartões de visita, apesar de essas pessoas não trabalharem para o WikiLeaks.

Uma fila interminável de puxa-sacos e oportunistas também bateu à minha porta, querendo se aproveitar da situação, esperando transformar um momento de intimidade em um favor que um dia teria de ser retribuído ou em um escândalo que poderia ser vendido por uma fortuna a um tabloide qualquer.

Só nos restava resistir e continuar lutando. Publicamos 251 mil comunicados diplomáticos do Departamento de Estado norte-americano e milhares de páginas de arquivos secretos da Baía de Guantánamo, em mais de uma centena de países – uma ação logística, jurídica, cultural e política gigantesca[28]. Nos raros momentos de trégua – por uma conexão de internet instável, que insistia em cair sempre que nevava –, fazíamos um levantamento das mudanças que estavam acontecendo e

---

* Em alguns estados norte-americanos, um grande júri (*grand jury*) analisa os fatos com o objetivo de decidir se existem elementos suficientes para instaurar uma ação penal. A decisão é tomada sem a participação do réu ou dos advogados de defesa. (N. T.)

aproveitávamos para refletir sobre o significado disso tudo. Prometemos às nossas fontes que faríamos a diferença e estávamos cumprindo a promessa. Se pessoas fossem presas, seria por uma boa causa.

* * *

Foi no meio dessa agitação que o Google se materializou naquele junho, desembarcando em um aeroporto de Londres e fazendo uma longa viagem de carro até Norfolk e Beccles, no leste da Inglaterra. Schmidt chegou primeiro, acompanhado de Lisa Shields, sua namorada na época. Quando ele a apresentou como vice-presidente do Conselho de Relações Exteriores – um *think/do tank* da política externa norte-americana, com vínculos estreitos com o Departamento de Estado –, comecei a ficar mais esperto. Shields vinha direto de Camelot e nos idos de 1990 já era vista ao lado de John Kennedy Jr. Nós nos sentamos e fizemos piadas. Eles disseram que tinham se esquecido de levar o gravador e usamos o meu. Combinamos que eu mandaria a gravação para eles e, em troca, eles me mandariam a transcrição, para termos mais precisão e clareza. Começamos. Schmidt foi direto ao ponto: queria saber dos recursos organizacionais e tecnológicos do WikiLeaks.

Jared Cohen chegou algum tempo depois. Scott Malcomson, apresentado como o editor do livro, estava com ele. Três meses depois desse encontro, Malcomson entrou para o Departamento de Estado como redator e principal assessor de Susan Rice (embaixadora dos Estados Unidos nas Nações Unidas e atual conselheira de segurança nacional). Ele já tinha trabalhado como consultor nas Nações Unidas e é membro de longa data do Conselho de Relações Exteriores. No momento em que escrevo este livro, ele é diretor de comunicações do International Crisis Group[29].

A essa altura, a delegação era um quarto o Google e três quartos o *establishment* da política externa norte-americana, mas eu ainda não tinha me dado conta. Depois dos cumprimentos e apertos de mão, fomos ao que interessava.

Schmidt fazia um belo contraste com os outros. Mais ou menos 55 anos, olhos apertados por trás dos óculos de coruja, vestido como um executivo – a aparência austera de Schmidt ocultava sua natureza analítica de máquina. Suas perguntas iam em geral direto ao âmago da questão, revelando uma enorme inteligência estrutural não verbal. Foi essa mesma mente que deduziu princípios da engenharia de software para transformar o Google em uma megacorporação, garantindo que a infraestrutura corporativa sempre acompanhasse a taxa de crescimento. Foi esse mesmo homem que aprendeu como construir e manter *sistemas*: sistemas de informação e sistemas de pessoas. Meu mundo era novidade para ele, mas era também um mundo de processos humanos, sistemas de escala e fluxos de informação.

Para um homem de inteligência sistemática, a política de Schmidt – pelo que pude perceber da nossa conversa – era surpreendentemente convencional, banal até. Ele entendia com facilidade as relações estruturais, mas tinha dificuldade para verbalizar a maioria, não raro usando sutilezas geopolíticas na linguagem marqueteira do Vale do Silício ou no jargão fossilizado de seus colegas do Departamento de Estado[30]. Ele mostrava o que tinha de melhor quando falava (talvez sem perceber) como engenheiro, decompondo complexidades em componentes ortogonais.

Cohen me pareceu um bom ouvinte, mas um pensador não tão interessante; ele tinha aquela sociabilidade implacável que costuma atacar generalistas de carreira e bolsistas da Universidade de Oxford. Como era de se esperar por sua experiência com política externa, Cohen conhecia bem as crises e conflitos internacionais e passava rapidamente de um para outro, detalhando diferentes cenários para testar as minhas afirmações. Às vezes, no entanto, eu tinha a impressão de que ele só estava ostentando ortodoxias improvisadas para impressionar seus antigos colegas de Washington. Malcomson, mais velho, era mais reflexivo e só fazia afirmações ponderadas. Shields ficou em silêncio na maior parte da conversa, fazendo anotações e massageando os egos ao redor da mesa, enquanto se ocupava com o verdadeiro trabalho.

Como eu era o entrevistado, era de se esperar que eu falasse mais. Procurei apresentar minha visão de mundo. Devo reconhecer que aquela entrevista deve ter sido a melhor que já dei. Eles me fizeram sair da minha zona de conforto, e eu gostei da experiência. Paramos para comer e demos uma volta pela propriedade. Tudo era gravado. Pedi a Eric Schmidt que vazasse para o WikiLeaks os pedidos de informação que o governo dos Estados Unidos tinha feito, mas ele se recusou, subitamente nervoso, mencionando que é ilegal revelar solicitações do Patriot Act*. Quando anoiteceu, eles voltaram para os prédios longínquos e irreais do império da informação, e eu tratei de voltar ao trabalho. Achei que a história terminava ali.

* * *

Dois meses depois, a divulgação dos comunicados diplomáticos do Departamento de Estado foi abruptamente interrompida. Tínhamos passado nove meses coordenando cada detalhe da divulgação, reunindo mais de uma centena de parceiros que se encarregaram de distribuir os documentos em suas áreas de influência,

---

* Lei promulgada em 2001 pelo presidente George W. Bush em resposta aos ataques de 11 de Setembro. O acrônimo "Patriot" vem de "Uniting and Strengthening America by Providing Appropriate Tools Required to Intercept and Obstruct Terrorism Act of 2001" (lei para unir e fortalecer a América proporcionando as ferramentas apropriadas para interceptar e obstruir o terrorismo). (N. T.)

supervisionando a divulgação sistemática e o sistema de edição* de dados, tudo isso para gerar o máximo de impacto para as nossas fontes.

No entanto, num ato de grave negligência, o *Guardian* – um antigo parceiro nosso – deixou passar no título de um capítulo de um livro a senha de decodificação de todos os 251 mil comunicados diplomáticos; o livro teve de ser retirado às pressas das livrarias em fevereiro de 2011[31]. Em meados de agosto, descobrimos que um ex-funcionário alemão – que eu tinha afastado em 2010 – estava entrando em contato com uma série de pessoas e organizações para vender pelo melhor preço a localização do arquivo criptografado, bem como a senha do livro. Pela velocidade com que a informação estava se espalhando, calculamos que em duas semanas a maioria dos serviços de inteligência, terceirizados e intermediários teria acesso a todos os comunicados diplomáticos, mas não o público.

Decidi que tínhamos de adiantar em quatro meses nosso cronograma de divulgações e entrei em contato com o Departamento de Estado para oficializar o aviso. Desse modo, seria mais difícil para o governo se aproveitar da situação para lançar outro ataque jurídico ou político. Como não conseguimos entrar em contato com Louis Susman, embaixador dos Estados Unidos no Reino Unido, tentamos a porta da frente. A editora de investigações do WikiLeaks, Sarah Harrison, ligou para o Departamento de Estado norte-americano e disse à secretária que "Julian Assange" queria falar com a Hillary Clinton. Como era de se esperar, a informação foi recebida com uma boa dose de ceticismo burocrático. Não demorou para reproduzirmos aquela cena do *Dr. Fantástico* em que Peter Sellers liga para a Casa Branca para avisar de uma guerra nuclear prestes a estourar e pedem que ele aguarde. Como no filme, fomos galgando os escalões, falando com funcionários de nível cada vez mais alto, até sermos transferidos para o assessor jurídico de Hillary Clinton. Ele disse que nos ligaria de volta. Nós desligamos e esperamos.

Meia hora depois, quando o telefone tocou, não era o Departamento de Estado que estava do outro lado da linha. Era Joseph Farrell, membro da equipe do WikiLeaks que tinha marcado o encontro com o Google. Ele tinha acabado de receber um e-mail de Lisa Shields que pedia confirmação de que o WikiLeaks estava querendo falar com o Departamento de Estado.

Foi aí que percebi que Eric Schmidt não podia ter vindo como representante só do Google. Oficialmente ou não, pessoas de seu convívio eram muito próximas do governo dos Estados Unidos, entre elas uma relação bem documentada com o presidente Obama. O pessoal de Hillary Clinton não só sabia que a namorada de

---

* *Redaction*, traduzido aqui por edição de dados ou informações, é a preparação para a publicação de um documento, normalmente contendo informações sensíveis ou confidenciais que não é desejável divulgar, nesse caso informações que possibilitariam a identificação das fontes. (N. T.)

Eric Schmidt tinha vindo me visitar, como também escolheu usá-la como um canal de comunicação. Enquanto o WikiLeaks estava mergulhado na divulgação dos arquivos internos do Departamento de Estado norte-americano, o Departamento de Estado norte-americano conseguiu se infiltrar no centro de comando do WikiLeaks e ainda me fizeram oferecer o almoço. Dois anos mais tarde, na esteira das primeiras visitas que o presidente do conselho do Google fez à China, Coreia do Norte e Birmânia, em 2013, não foi difícil constatar que ele podia estar servindo, de uma forma ou de outra, como um "canal de comunicação diplomática" para Washington. Mas naquela época a ideia era inusitada[32].

Não pensei mais no assunto até fevereiro de 2012, quando o WikiLeaks, com a colaboração de mais de trinta de nossos parceiros da mídia internacional, começou a divulgar os Arquivos de Inteligência Global, uma montanha de e-mails da Stratfor, uma empresa de inteligência com sede no Texas[33]. Um de nossos parceiros mais confiáveis, o jornal *Al Akhbar*, de Beirute, vasculhou os e-mails em busca de informações sobre Jared Cohen[34]. O pessoal da Stratfor, que gostava de se considerar uma espécie de CIA privada, tinha plena ciência de outras empresas que supostamente incursionavam em seu setor. O Google era uma dessas empresas. Em uma série de e-mails pitorescos, eles discutiram um padrão de atividades coordenadas por Cohen sob a égide do Google Ideas, sugerindo o que o "*do*" [fazer] de "*think/do tank*" quer dizer de fato.

A diretoria de Cohen parecia ter passado de um trabalho de relações públicas e "responsabilidade corporativa" para uma firme intervenção nos assuntos exteriores que normalmente cabia aos Estados. Jared Cohen poderia ser ironicamente chamado de "diretor de mudança de regime" do Google. De acordo com os e-mails, ele queria deixar sua marca nos principais acontecimentos históricos do Oriente Médio. Ele foi ao Egito durante a revolução e encontrou-se com Wael Ghonim, um funcionário do Google cuja prisão horas depois seria transformada em símbolo da revolta na imprensa ocidental. Havia planos de reuniões na Palestina e na Turquia, mas, de acordo com os e-mails da Stratfor, elas foram canceladas pela chefia do Google por serem consideradas arriscadas demais. Poucos meses antes de se encontrar comigo, Cohen planejava fazer uma viagem aos limites do Irã com o Azerbaijão para "engajar as comunidades iranianas mais próximas da fronteira", como parte de um projeto do Google Ideias nas "sociedades repressivas". Em e-mails internos, Fred Burton, o vice-presidente de inteligência da Stratfor (um antigo alto funcionário da área de segurança do Departamento de Estado), escreveu:

> o Google está conseguindo apoio e cobertura aérea da Casa Branca e do Departamento de Estado. Na verdade, eles estão fazendo coisas que nem a CIA consegue... [Cohen] vai acabar sendo raptado ou morto. Sinceramente, a melhor coisa seria expor a atuação

secreta do Google em manifestações violentas. O governo dos EUA poderia alegar desconhecimento do fato e o Google ficaria com a bomba na mão.[35]

Em outra comunicação interna, Burton afirma que suas fontes de informação sobre as atividades de Cohen eram Marty Lev, o diretor de segurança e proteção do Google, e o próprio Eric Schmidt[36].

Em busca de algo mais concreto, comecei a procurar informações sobre Cohen nos arquivos do WikiLeaks. Os comunicados diplomáticos do Departamento de Estado divulgados no caso Cablegate revelam que Cohen esteve no Afeganistão em 2009 e tentou convencer as quatro principais empresas afegãs de telefonia móvel a orientar suas antenas para as bases militares norte-americanas[37]. No Líbano, ele agiu discretamente para impor um rival religioso e intelectual do Hezbollah, a Liga Suprema Xiita[38]. E, em Londres, ofereceu fundos a executivos da indústria cinematográfica indiana para inserir conteúdo antiextremista nos filmes e prometeu contatos em Hollywood[39].

Três dias depois de me visitar em Ellingham Hall, Jared Cohen foi à Irlanda para comandar o Save Summit, um evento copatrocinado pelo Google Ideas e pelo Conselho de Relações Exteriores. O evento reuniu ex-membros de gangues urbanas, militantes de direita, nacionalistas e "extremistas religiosos" de todo o mundo com o objetivo de encontrar soluções tecnológicas para o problema do "extremismo violento"[40]. O que poderia dar errado?

O mundo de Cohen parece ser feito de eventos como esse um após o outro: encontros intermináveis para intercambiar influências entre elites e vassalos, sob o humilde título de "sociedade civil". Há um senso comum nas sociedades capitalistas avançadas que diz que ainda existe um "setor da sociedade civil" orgânico, em que as instituições se formam de maneira autônoma e se juntam para manifestar os interesses e a vontade dos cidadãos. Diz a lenda que os limites desse setor são respeitados pelos atores do governo e do "setor privado", deixando um espaço seguro para que as organizações sem fins lucrativos defendam coisas como direitos humanos, liberdade de expressão e governos responsáveis.

No papel, a ideia parece ótima. Mas, se isso foi verdade algum dia, faz décadas que não é mais assim. Desde a década de 1970, pelo menos, os verdadeiros atores, como os sindicatos e as igrejas, se submeteram aos ataques contínuos do estatismo de livre mercado, transformando a "sociedade civil" em um mercado comprador para interesses empresariais e facções políticas que tentam exercer ao máximo sua influência. Nos últimos quarenta anos houve uma proliferação de *think/do tanks* e ONGs cuja finalidade, por trás da verborragia, é atuar por procuração em prol de interesses políticos.

E não me refiro apenas aos grupos neoconservadores mais óbvios, como a Foreign Policy Initiative[41]. A lista inclui ONGs pretensiosas do mundo ocidental, como a Freedom House, cujos ingênuos funcionários, embora bem-intencionados, estão metidos até o pescoço em esquemas de financiamento político, denunciam violações de direitos humanos em países não ocidentais e ao mesmo tempo trabalham para manter os abusos cometidos em pontos cegos de seu próprio país. O circuito de conferências da sociedade civil – que espalha ativistas do mundo em desenvolvimento por todo o planeta centenas de vezes por ano para abençoar a união profana entre "as partes interessadas do setor público e privado", em eventos geopolitizados como o Stockholm Internet Forum – não existiria sem os milhões de dólares de financiamento político que recebe todos os anos.

Se dermos uma olhada na lista dos membros dos maiores *think/do tanks* e institutos dos Estados Unidos, veremos sempre os mesmos nomes. O Save Summit de Cohen financia o AVE, ou Against Violent Extremism, um projeto de longo prazo voltado para o combate do extremismo cujo principal financiador, além do Google Ideas, é o Gen Next Foundation. Em seu website, a fundação afirma que é "uma organização com critérios exclusivos de adesão e uma plataforma para pessoas de sucesso", cujo objetivo é promover a "mudança social" por meio de financiamento de capital de risco[42]. O apoio oferecido pela Next Gen, "uma fundação financiada pelo setor privado e por ONGs, evita os potenciais conflitos de interesse enfrentados por iniciativas financiadas por governos"[43]. Jared Cohen é membro executivo da fundação.

A Gen Next também apoia uma ONG que Cohen criou pouco antes de sair do Departamento de Estado para levar "ativistas pró-democracia" de todo mundo que atuavam na internet para a rede de patrocínio das relações exteriores dos Estados Unidos[44]. O grupo surgiu com o nome de Alliance of Youth Movements em um encontro inaugural em Nova York, em 2008; era financiado pelo Departamento de Estado e ostentava logotipos de empresas patrocinadoras[45]. Os organizadores do encontro escolheram a dedo ativistas de "áreas problemáticas", como Venezuela e Cuba, para assistir às palestras de James Glassman (que era do Departamento de Estado) e da nova equipe de mídia da campanha de Obama, e também para fazer contato com consultores de relações públicas, "filantropos" e personalidades da mídia norte-americana[46]. A ONG realizou mais dois outros encontros exclusivos para convidados em Londres e na Cidade do México, nos quais os participantes assistiram a um discurso ao vivo de Hillary Clinton transmitido por videotelefonia[47]: "Vocês são a vanguarda de uma nova geração de cidadãos ativistas [...]. E isso faz de vocês o tipo de líderes de que precisamos"[48].

Em 2011, a Alliance of Youth Movements foi relançada como movements.org. Em 2012, o Movements.org se tornou uma divisão da Advancing Human Rights, uma ONG que Robert L. Bernstein criou depois que saiu da Human Rights Watch (que ele também fundou) porque achava que ela não devia cobrir as violações de direitos humanos cometidas por Israel e pelos Estados Unidos[49]. O objetivo da Advancing Human Rights é reparar os erros da Human Rights Watch, concentrando-se exclusivamente nas "ditaduras"[50]. Cohen afirmou que foi "impossível se opor" à fusão do movements.org com a Advancing Human Rights, destacando a "rede fenomenal de ciberativistas no Oriente Médio e no Norte da África" da Advancing Human Rights[51]. Ele entrou para o conselho administrativo da Advancing Human Rights, do qual faz parte também Richard Kemp, ex-comandante das forças britânicas no Afeganistão[52]. Na versão atual, o movements.org continua sendo financiado pelo Gen Next, além do Google, da MSNBC e da Edelman, gigante das relações públicas que representa a General Electric, a Boeing e a Shell, entre outras[53].

O Google Ideas é maior, mas segue a mesma estratégia. Basta dar uma olhada na lista de palestrantes dos encontros anuais, só para convidados, como o Crisis in a Connected World [Crise em um mundo conectado], realizado em outubro de 2013. Teóricos e ativistas das redes sociais dão uma aura de autenticidade ao evento, mas na verdade ele é uma mistura tóxica de participantes: altos funcionários do governo norte-americano, magnatas do setor de telecomunicações, consultores de segurança, capitalistas financeiros e abutres da política externa de tecnologia, como Alec Ross (o análogo de Cohen no Departamento de Estado)[54]. O núcleo duro são os fornecedores de armas e os militares de carreira: os ativos chefes do Comando Cibernético e até o almirante responsável por todas as operações militares dos Estados Unidos na América Latina de 2006 a 2009. A cereja do bolo são Jared Cohen e o presidente do conselho do Google, Eric Schmidt[55].

Comecei a ver Schmidt como um brilhante bilionário californiano da área de tecnologia, mas politicamente inapto, que era explorado pelo mesmo pessoal da política externa dos Estados Unidos que ele procurou para servir de intérprete entre o Google e o governo em Washington – um exemplo do problema do principal agente entre a Costa Oeste e a Costa Leste dos Estados Unidos[56].

Eu estava errado.

* * *

Eric Schmidt nasceu em Washington, DC, onde seu pai era professor e economista do Departamento do Tesouro de Nixon. Ele fez o ensino médio em Arlington, na Virgínia, e formou-se em engenharia em Princeton. Em 1979, foi para Berkeley, onde fez doutorado e entrou na Sun Microsystems, fundada em 1983 por alunos de Stanford e Berkeley. Quando deixou a Sun, dezesseis anos depois, já fazia parte da diretoria executiva.

A Sun tinha contratos importantes com o governo, mas só depois que Schmidt foi para Utah como CEO da Novell é que há registros de que ele aliciou estrategicamente a classe política de Washington. Registros do financiamento da campanha federal mostram que, em 6 de janeiro de 1999, Schmidt fez duas doações de US$ 1.000 ao senador republicano Orrin Hatch, de Utah. No mesmo dia, a esposa de Schmidt, Wendy, também fez duas doações de US$ 1.000 ao senador Hatch. No início de 2001, mais de uma dúzia de comitês de ação política e políticos, entre eles Al Gore, George W. Bush, Dianne Feinstein e Hillary Clinton, constavam da folha de pagamento dos Schmidts, e um deles recebeu US$ 100.000[57]. Em 2013, Eric Schmidt, que tinha se associado abertamente à Casa Branca de Obama, já estava mais político. Financiou diretamente oito republicanos e oito democratas, além de dois comitês de ação política. Em abril daquele ano, doou US$ 32.300 ao Comitê Nacional Republicano do Senado. Um mês depois, exatamente a mesma quantia de US$ 32.300 foi para o Comitê Democrata de Campanha Senatorial. Por que Schmidt doou exatamente o mesmo para os dois partidos é uma pergunta de US$ 64.600[58].

Foi também em 1999 que Schmidt entrou para o conselho administrativo de um grupo com sede em Washington, DC: a New America Foundation, uma união de forças de centro com boas relações (em termos de Washington). A fundação e uma equipe de cem pessoas atuam como uma fábrica de influência, utilizando sua rede de especialistas em segurança nacional, política externa e tecnologia para publicar centenas de artigos e colunas todos os anos. Em 2008, Schmidt assumiu a presidência do conselho administrativo. Em 2013, os principais financiadores da New America Foundation foram Eric e Wendy Schmidt, o Departamento de Estado e a Fundação Bill & Melinda Gates (cada um com mais de 1 milhão de dólares). O Google, a Usaid e a Radio Free Asia aparecem como financiadores secundários[59].

O envolvimento de Schmidt com a New America Foundation o coloca firmemente no centro do *establishment* de Washington. Outros membros do conselho administrativo da fundação – dos quais sete também são membros do Conselho de Relações Exteriores – são Francis Fukuyama, um dos mentores do movimento neoconservador; Rita Hauser, que serviu no Conselho Consultivo de Inteligência da Presidência, tanto no governo de Bush quanto no de Obama; Jonathan Soros, filho de George Soros; Walter Russell Mead, estrategista de segurança e editor da *American Interest*; Helene Gayle, que faz parte do conselho administrativo da Coca-Cola e da Colgate-Palmolive, da Fundação Rockefeller, da Unidade de Política de Relações Exteriores do Departamento de Estado, do Conselho de Relações Exteriores, do Centro de Estudos Estratégicos e Internacionais, do Programa Fellows da Casa Branca e da ONE Campaign, do Bono; e Daniel Yergin, geoestrategista da indústria petrolífera, ex-presidente do conselho da Força-tarefa em Pesquisas Estratégicas em Energia, do Departamento de Energia, e autor de *O petróleo: uma história de ganância, dinheiro e poder**[60].

---

* 2. ed., São Paulo, Scritta, 1994. (N. E.)

A presidente-executiva da fundação, nomeada em 2013, é a ex-chefe de Jared Cohen na Equipe de Planejamento de Políticas do Departamento de Estado, Anne-Marie Slaughter, uma "cdf" que se formou em direito e relações internacionais em Princeton e tem um tino todo especial para trocar legisladores por industriais e industriais por legisladores[61]. No momento em que escrevo este livro, ela está em toda parte, exigindo que Obama responda à crise na Ucrânia não só enviando as forças secretas dos Estados Unidos ao país, mas também bombardeando a Síria – baseada na ideia de que isso mandaria um recado para a Rússia e a China[62]. Com Schmidt, ela participou da conferência do Bilderberg Group, em 2013, e faz parte do conselho administrativo da Foreign Affairs Policy Unit[63].

Eric Schmidt não tinha nada de politicamente inapto. Eu queria muito encontrar um engenheiro do Vale do Silício que não tenha ambições políticas, uma relíquia dos bons tempos da cultura de pós-graduação em ciência da computação da Costa Oeste. No entanto, esse tipo de pessoa não participa quatro anos seguidos da conferência do Bilderberg Group, não é um visitante frequente da Casa Branca ou tem "conversas ao pé do fogo" no Fórum Econômico Mundial em Davos[64]. A ascensão de Schmidt como "ministro das relações exteriores" do Google, cruzando fronteiras geopolíticas para fazer visitas oficiais com pompa e circunstância, não foi por acaso. Na verdade, essa ascensão foi fruto de anos de assimilação nas redes influentes e renomadas do *establishment* norte-americano.

Pessoalmente, Schmidt e Cohen são pessoas muito agradáveis. Mas o presidente do conselho do Google é o clássico *player* no papel de "cabeça da indústria", com toda a bagagem ideológica que acompanha o papel[65]. E Schmidt se encaixa perfeitamente ao cargo que ocupa: o ponto em que tendências centristas, liberais e imperialistas se encontram com a vida política norte-americana. Ao que tudo indica, os chefões do Google realmente acreditam no poder civilizador das multinacionais esclarecidas e veem essa missão como uma continuidade da formação do mundo de acordo com o que a "superpotência benevolente" achar melhor. Eles dizem que uma mente aberta é uma virtude, mas os pontos de vista que ameaçam a orientação excepcionalista que reside no centro da política externa norte-americana continuarão invisíveis para eles. Essa é a banalidade impenetrável do lema: "Não seja mau". Eles realmente acreditam que estão fazendo o bem. E isso é um problema.

* * *

O Google é diferente. O Google é visionário. O Google é o futuro. O Google é mais do que apenas uma empresa. O Google retribui à comunidade. O Google é uma força do bem.

Mesmo quando o Google mostra essa ambivalência corporativa publicamente, não faz muito esforço para se livrar desses artigos de fé[66]. Aparentemente, a reputação da empresa é inexpugnável. O logo colorido e lúdico do Google é estampado na retina humana pouco mais de 6 bilhões de vezes por dia e 2,1 trilhão de vezes por ano – uma oportunidade de condicionamento pavloniano como nenhuma empresa da história teve[67]. Mesmo depois de ter sido pego com a boca na botija no ano passado, disponibilizando petabytes de dados pessoais a agências de inteligência norte-americanas por intermédio do programa Prism, o Google continua surfando na boa vontade criada pelo famoso – e ambíguo – lema: "Não seja mau". Algumas cartas abertas à Casa Branca e tudo parece perdoado. Nem os ativistas antivigilância conseguem se ajudar: eles condenam a espionagem do governo, mas tentam transformar as práticas invasivas de vigilância do Google em mera estratégia de apaziguamento[68].

Ninguém quer admitir que o Google se transformou em um monstro. Mas foi o que aconteceu. Sob o comando de Schmidt como CEO, o Google se associou às estruturas de poder mais questionáveis dos Estados Unidos, ao mesmo tempo que se expandia e se transformava em uma megacorporação geograficamente invasiva. No entanto, o Google sempre se sentiu à vontade com essa proximidade. Muito antes de Schmidt ser contratado pelos fundadores da empresa, Larry Page e Sergey Brin, em 2001, as pesquisas iniciais que deram base ao Google foram parcialmente financiadas pela Agência de Projetos de Pesquisa Avançada de Defesa (Darpa, na sigla em inglês)[69]. E, ao mesmo tempo que o Google de Schmidt construía uma imagem de gigante extremamente gentil da tecnologia global, ele estabelecia uma estreita relação com a comunidade de inteligência.

Em 2003, a Agência de Segurança Nacional (NSA, na sigla em inglês) já violava sistematicamente a Lei de Vigilância de Inteligência Estrangeira (Fisa, em inglês), sob a direção do general Michael Hayden[70]. Isso foi na época do programa Total Information Awareness [Conhecimento de Informação Total][71]. Antes que se sonhasse com o Prism, por ordem da Casa Branca de Bush a NSA já tinha o objetivo de "coletar tudo, farejar tudo, saber tudo, processar tudo, explorar tudo"[72]. Nessa mesma época, o Google – cuja missão publicamente declarada é coletar e "organizar as informações do mundo e torná-las universalmente acessíveis e úteis"[73] – aceitou um financiamento da NSA da ordem de US$ 2 milhões para fornecer à agência ferramentas de busca para vasculhar um tesouro de conhecimento roubado que não parava de crescer[74].

Em 2004, depois de adquirir a Keyhole, uma start-up de mapeamento cofinanciada pela Agência Nacional de Inteligência Geoespacial (NGA, na sigla em inglês) e pela CIA, o Google desenvolveu a tecnologia do Google Maps e uma versão empresarial que, desde então, é fornecida ao Pentágono e a órgãos federais e estaduais associados mediante contratos multimilionários[75]. Em 2008, o Google ajudou a lançar um satélite espião da NGA, o GeoEye-1. O Google compartilha as imagens captadas pelo satélite com as comunidades militares e de inteligência dos Estados Unidos[76]. Em 2010, a NGA firmou com o Google um contrato de US$ 27 milhões para "serviços de visualização geoespacial"[77].

Em 2010, depois que o governo chinês foi acusado de hackear o Google, a empresa estabeleceu uma relação "de compartilhamento formal de informações" com a NSA, o que supostamente permite que os analistas da NSA "avaliem as vulnerabilidades" de hardware e software do Google[78]. Embora os detalhes do acordo nunca tenham sido divulgados, a NSA procurou ajuda de outros órgãos públicos, inclusive o FBI e o Departamento de Segurança Interna.

Mais ou menos na mesma época, o Google começou a se envolver em um programa conhecido como o Enduring Security Framework [Quadro Duradouro de Segurança] (ESF)[79], que requeria o compartilhamento de informações entre as empresas de tecnologia do Vale do Silício e os órgãos associados ao Pentágono "na velocidade da rede"[80]. E-mails obtidos em 2014 sob os termos da Freedom of Information Act [Lei de Liberdade de Informação] mostram uma correspondência bastante amigável de Schmidt e Sergey Brin, o cofundador do Google, com o general Keith Alexander, chefe da NSA, a respeito do ESF[81]. Reportagens sobre os e-mails destacaram o tom íntimo da correspondência: "General Keith [...] que bom ver você...!", escreveu Schmidt. No entanto, a maioria deixou passar um detalhe importantíssimo. "Suas opiniões, como integrante-chave da Base Industrial de Defesa", escreveu Alexander para Brin, "têm um enorme valor para garantir o impacto das ações do ESF".

O Departamento de Segurança Interna define a Base Industrial de Defesa como "o complexo industrial global que possibilita a pesquisa e o desenvolvimento, bem como o design, a produção, a entrega e a manutenção de sistemas, subsistemas e componentes ou peças de armamentos militares *de acordo com os requisitos das Forças Armadas norte-americanas*" (grifo nosso)[82]. A Base Industrial de Defesa fornece "produtos e serviços essenciais para mobilizar, implementar e sustentar operações militares". Será que isso inclui os serviços comerciais regulares que são contratados pela Forças Armadas norte-americanas? Não. A definição exclui especificamente a contratação de serviços comerciais regulares. O que faz do Google um "integrante-chave da Base Industrial de Defesa" definitivamente não são as campanhas de recrutamento feitas por intermédio do Google AdWords ou os soldados checando seu Gmail.

Em 2012, o Google entrou para a lista dos lobistas que mais gastam em Washington – uma lista que em geral é povoada exclusivamente pela Câmara de Comércio dos Estados Unidos, fornecedores das Forças Armadas e os leviatás do petróleo e do gás natural[83]. O Google entrou para o ranking acima da gigante militar aeroespacial Lockheed Martin, com US$ 18,2 milhões gastos em 2012, contra os US$ 15,3 milhões da Lockheed. A Boeing, fornecedora das Forças Armadas que absorveu a McDonnell Douglas em 1997, também ficou abaixo do Google, com US$ 15,6 milhões gastos, assim como a Northrop Grumman, com US$ 17,5 milhões.

No segundo trimestre de 2013, o governo de Obama tentava conseguir apoio para os ataques aéreos contra a Síria. Apesar da dificuldade, continuou a fazer pressão a favor da ação militar até setembro, com discursos e anúncios públicos tanto do presidente Obama quanto do secretário de Estado, John Kerry[84]. Em 10 de setembro, o Google emprestou sua página principal – a página mais popular da internet – para o esforço de guerra, inserindo um aviso abaixo da caixa de busca que dizia: "Ao vivo! O secretário Kerry responde a perguntas sobre a Síria. Hoje, via Hangout, às 14 horas, horário da Costa Leste"[85].

Como escreveu em 1999 Tom Friedman, colunista do *New York Times* que se diz um "centrista radical"[86], às vezes não basta deixar o domínio global das empresas de tecnologia norte-americanas nas mãos de algo tão volátil quanto o "mercado livre":

> A mão invisível do mercado jamais funcionará sem um punho invisível. O McDonald's não tem como prosperar sem a McDonnell Douglas, a criadora do F-15. E o punho invisível que faz o mundo seguro para as tecnologias do Vale do Silício prosperarem é conhecido como Exército, Força Aérea, Marinha e Corpo de Fuzileiros Navais dos Estados Unidos.[87]

Se alguma coisa mudou desde que essas palavras foram escritas foi a impaciência do Vale do Silício com esse papel passivo, e o seu desejo de adornar o punho invisível como uma luva de pelica. Em 2013, Schmidt e Cohen declararam: "O que a Lockheed Martin foi para o século XX, as empresas de tecnologia e cibersegurança serão para o século XXI"[88]. Uma maneira de interpretar essa declaração é pensar que ela se refere apenas aos negócios, e nada mais. Para que um monopólio norte-americano de serviços de internet garanta o domínio do mercado global, ele não pode simplesmente continuar fazendo a mesma coisa e esperar passivamente por ventos políticos favoráveis. A hegemonia estratégica e econômica dos Estados Unidos é um pilar fundamental para o domínio do mercado. Diante desse contexto, o que uma megacorporação deve fazer? Se quiser dominar o mundo, deve tornar-se parte do império original do "não seja mau".

No entanto, parte da imagem do Google como "mais do que apenas uma empresa" vem da percepção de que ele não age como uma corporação grande e má. Sua propensão a atrair as pessoas para uma armadilha, oferecendo gigabytes de "armazenamento gratuito", leva à sensação de que ele oferece produtos e serviços de graça, indo na contramão da motivação das empresas de lucrar. O Google acaba sendo visto como um empreendimento basicamente filantrópico – uma máquina mágica comandada por visionários alheios a esse mundo – que visa a criação de um futuro utópico[89]. Em algumas ocasiões, a empresa parece ansiosa para manter essa imagem, bancando generosamente iniciativas de "responsabilidade corporativa" para produzir "mudanças sociais", como é o caso do próprio Google Ideas. No entanto, como mostra o Google Ideas, as iniciativas "filantrópicas" da empresa também a aproximam, desconfortavelmente, do lado imperialista da influência norte-americana. Se a Blackwater/Xe Services/Academi tivesse um programa como o Google Ideas, isso sem dúvida atrairia uma intensa análise crítica[90]. Mas de certa forma o Google tem carta branca.

Não importa se o Google é apenas uma empresa ou "mais do que apenas uma empresa", suas aspirações geopolíticas estão firmemente enredadas na agenda de política externa da maior superpotência do mundo. À medida que cresce o monopólio do Google na área de busca e serviços de internet, e ele estende a vigilância industrial para a maior parte da população do planeta, dominando rapidamente o mercado de telefonia móvel e apressando-se para ampliar o acesso à internet no hemisfério sul, ele se *torna* praticamente a própria internet para muitas pessoas[91]. A influência do Google sobre as escolhas e o comportamento de todos os seres humanos se traduz em um poder concreto de influenciar o rumo da história.

Se o futuro da internet for o Google, isso deveria preocupar seriamente as pessoas do mundo todo – da América Latina, da Ásia Oriental e do Sudeste da Ásia, do subcontinente indiano, do Oriente Médio, da África Subsaariana, da antiga União Soviética e até da Europa, para quem a internet representa a promessa de uma alternativa à hegemonia cultural, econômica e estratégica dos Estados Unidos[92].

Um império, mesmo que tenha o lema "Não seja mau", continua sendo um império.

* * *

Quando o artigo "The Empire of the Mind" saiu finalmente como livro, com o título *The New Digital Age: Reshaping the Future of People, Nations and Business* [no Brasil, *A nova era digital: como será o futuro das pessoas, das nações e dos negócios*], em abril de 2013, eu tinha formalmente pedido e recebido asilo político do governo do Equador e estava refugiado na embaixada equatoriana em Londres. Naquela altura, eu já tinha passado quase um ano na embaixada sob vigilância policial e estava impedido de sair do Reino Unido[93]. Pela internet, notei o burburinho na imprensa, que se empolgou com o livro de Schmidt e Cohen, mas ignorou levianamente o explícito imperialismo digital do título e a notável sequência de avais de belicistas famosos, como Tony Blair, Henry Kissinger, Bill Hayden e Madeleine Albright, estampada na quarta capa do livro[94]. Presumi que era porque os argumentos eram sólidos. Pedi a alguém que passasse pela barreira policial com um exemplar para que eu pudesse lê-lo.

Fiquei perplexo. Anunciado como uma antecipação visionária das mudanças tecnológicas globais, o livro não cumpriu a promessa e deixou até de imaginar um futuro, bom ou ruim, consideravelmente diferente do presente. O livro era uma junção simplista da ideologia do "fim da história" de Fukuyama – que saiu de moda nos anos 1990 – e smartphones mais velozes. O texto estava recheado de palavras de ordem de Washington, ortodoxias do Departamento de Estado e frases bajuladoras de Henry Kissinger. Os argumentos eram pobres e beiravam a perversão. O texto não parecia combinar com o perfil de Schmidt, o homem astuto e tranquilo que recebi na minha casa. No entanto, continuei lendo e percebi que o livro não era uma tentativa séria de antecipar a história futura. Era uma serenata de amor do Google ao governo norte-americano. O Google, um super-Estado digital, se oferecia como o visionário geopolítico de Washington.

Esperei pelas duras críticas que o livro certamente receberia. Mas não veio nenhuma[95]. Da grande imprensa e do setor da tecnologia, o livro só recebeu elogios incompreensíveis. Impaciente, eu mesmo escrevi uma análise. O texto foi publicado no *New York Times* em 2 de junho de 2013. Escrevi que "em seu encontro com o grande mundo mau", o Google "alinhou seu destino ao destino das forças tradicionais de Washington, desde o Departamento de Estado até a Agência de Segurança Nacional". Os apologistas do Google tentaram desconsiderar a análise, alegando que era paranoica. Contudo, quatro dias depois, jornais do mundo todo estavam cheios de artigos sobre os documentos da NSA vazados por Edward Snowden. O centro das atenções eram as revelações a respeito do Prism, mostrando a dimensão do que Eric Schmidt estava escondendo quando sugeri, em junho de 2011, que ele vazasse para o WikiLeaks as solicitações de informação do governo norte-americano.

Algumas das declarações atribuídas a mim no livro *A nova era digital* não soavam como algo que eu teria dito. Pedi que nosso departamento de arquivos desenterrasse a gravação e a ouvi de novo. Como era de se esperar, dado o nível das análises do livro, Schmidt e Cohen deturparam minhas palavras. Ouvindo a gravação, comecei a perceber a importância mais ampla da conversa e como os acontecimentos adjacentes e subsequentes davam um eco histórico a ela.

A conversa tem descrições vivas e nunca expressas antes a respeito da filosofia por trás do WikiLeaks e da maneira como a tecnologia afeta a dinâmica de poder e as estruturas sociais. Apresenta conceitos sobre o uso da tecnologia descentralizada para proteger atividades revolucionárias, ideias que eu adoraria ver implantadas e concretizadas. E, no nível do simbolismo, aponta dois futuros diferentes para a internet que dialogam um com o outro: o primeiro é uma internet onipresente de governança corporativa centralizada, e o segundo é uma internet descentralizada e vibrante, compatível com a emancipação da história e dos seres humanos.

Quando o Google encontrou o WikiLeaks é a transcrição dessa conversa em forma de livro. Para tornar o conteúdo mais acessível ao leitor comum, a editora OR Books e eu repassamos o texto e acrescentamos uma série de notas explicativas. Além da transcrição, incluo outros textos para contextualizar a discussão. "A banalidade do 'não seja mau'" é a análise que fiz no *New York Times* do livro de Schmidt e Cohen, mas desta vez com as referências completas. "Livrai-nos do 'não seja mau'" é um breve resumo da forma como *A nova era digital* apresenta (ou deturpa) o WikiLeaks e o conteúdo da nossa conversa. Ao longo deste livro, há referências a várias tentativas do governo dos Estados Unidos e de seus aliados de atacar o WikiLeaks e seus associados. Leitores não familiarizados com essas tentativas encontrarão um resumo ("Um breve histórico do caso Estados Unidos *versus* WikiLeaks") no fim do livro. O website do livro – when.google.met.wikileaks.org – apresenta uma série de trechos não editados de comunicados diplomáticos do Departamento de Estado norte-americano e e-mails internos da Stratfor, publicados pelo WikiLeaks, além de outros materiais que embasam as críticas feitas nestas páginas.

Julian Assange
Maio de 2014

Notas

[1] Atualmente, a empresa está avaliada em US$ 400 bilhões e emprega 49.829 pessoas. A avaliação no fim de 2011 era de US$ 200 bilhões e 33.077 funcionários. Veja "Investor Relations: 2012 Financial Tables", Google, <archive.today/Iux4M>. Para o primeiro trimestre de 2014, veja a "Investor Relations: 2014 Financial Tables", Google, <archive.today/35IeZ>.

[2] Para um ensaio incisivo sobre o livro de Schmidt e Cohen, que aborda assuntos similares e inspirou parte das pesquisas para escrever este livro, veja Joseph L. Flatley, "Being Cynical: Julian Assange, Eric Schmidt, and the Year's Weirdest Book", *Verge*, 7 jun. 2013, <archive.today/gfLEr>.

[3] Perfil de Jared Cohen no site do Conselho de Relações Exteriores, <archive.today/pkgQN>.

[4] Shawn Donnan, "Think again", *Financial Times*, 8 jul. 2011, <archive.today/ndbmj>. Veja também Rick Schmitt, "Diplomacy 2.0", *Stanford Alumni*, maio/jun. 2011, <archive.today/Kidpc>.

[5] Eric Schmidt e Jared Cohen, "The Digital Disruption: Connectivity and the Diffusion of Power", *Foreign Affairs*, nov./dez. 2010, <archive.today/R13l2>.

[6] "Coalizões dos conectados" ["*coalitions of the connected*"] é uma expressão aparentemente destinada a ressoar com a expressão "coalizão dos dispostos" ["*coalition of the willing*"], utilizada para designar a aliança liderada pelos Estados Unidos em 2003 que se preparava para invadir o Iraque, mesmo sem a aprovação do Conselho de Segurança da ONU.

7 A expressão "dever de proteger" ["*duty to protect*"] evoca "responsabilidade de proteger" ["*responsibility to protect*"] ou "R2P", na forma abreviada. O R2P é uma "norma emergente" extremamente controversa no direito internacional. O R2P alavanca o discurso dos direitos humanos para impor "intervenções humanitárias" por parte da "comunidade internacional" em países onde a população civil é considerada em risco. Para os liberais norte-americanos que evitam o imperialismo cru de Paul Wolfowitz (para saber mais, veja Patrick E. Tyler, "U.S. Strategy Plan Calls for Insuring No Rivals Develop", *The New York Times*, 8 mar. 1992, <archive.today/Rin1g>), o R2P justifica a decisão dos países desenvolvidos de realizar ações militares no Oriente Médio e em outras regiões do mundo, como demonstra a ampla utilização do termo nos argumentos a favor da invasão da Líbia em 2011 e da Síria em 2013. A ex-chefe de Jared Cohen no Departamento de Estado, Anne-Marie Slaughter, descreveu o R2P como "a mudança mais importante em nossa concepção de soberania desde o Tratado de Vestfália em 1648". Veja seus elogios ao livro *Responsibility to Protect: The Global Moral Compact for the 21st Century*, editado por Richard H. Cooper e Juliette Voïnov Kohler, no site da editora Palgrave Macmillan, <archive.today/0dmMq>. Para um ensaio crítico sobre o R2P, veja o discurso de Noam Chomsky sobre a doutrina na Assembleia Geral da ONU: "Statement by Professor Noam Chomsky to the United Nations General Assembly Thematic Dialogue on Responsibility to Protect", Nações Unidas, Nova York, 23 jul. 2009, <is.gd/bLx3uU>. Veja também "Responsibility to Protect: An Idea Whose Time Has Come – and Gone?", *The Economist*, 23 jul. 2009, <archive.today/K2WZJ>.
8 Bridget Johnson, "Biden: Mubarak Not a Dictator, Protests Not Like Eastern Europe", *The Hill*, 28 jan. 2011, <archive.today/L7EcI>.
9 Idem.
10 Chris McGreal, "Tony Blair: Mubarak Is 'Immensely Courageous and a Force for Good'", *The Guardian*, 2 fev. 2011, <archive.today/SIsmb>.
11 "Secretary Clinton in 2009: 'I Really Consider President and Mrs. Mubarak to Be Friends of my Family'", *ABC News*, 31 jan. 2011, <archive.today/8NAoz>.
12 Richard Smallteacher, "Egypt-Egypt-U.S. Intelligence Collaboration with Omar Suleiman 'Most Successful'", *WikiLeaks*, 1º fev. 2011, <archive.today/neBhy>.
13 Veja "Secretary of State Hillary Clinton's Speech on Internet Freedom *updated*", *Secretary Clinton Blog*, 15 fev. 2011, <archive.today/nChdl>. Os próprios ativistas egípcios frequentemente se desviavam do discurso oficial: "Apesar de sermos gratos pelo treinamento que recebemos das ONGs patrocinadas pelo governo norte-americano, e que nos ajudaram a superar as dificuldades, também estamos cientes de que o mesmo governo treinou o serviço de investigação das agências de segurança do Estado, responsáveis pela perseguição e pela prisão de muitos de *nós*", disse o ativista egípcio Basem Fathy ao *New York Times* em abril de 2011. Ron Nixon, "U.S. Groups Helped Nurture Arab Uprisings", *The New York Times*, 14 abr. 2011, <archive.today/bJyGP>.
14 "Clinton on a WikiLeaks 'Apology Tour'", *UPI*, 10 jan. 2011, <archive.today/AYRCx>.
15 Sami Ben Gharbia, editor tunisino do Naawat, explicou isso nos seguintes termos: "Vinte dias se passaram entre a divulgação dos comunicados diplomáticos pelo Tunileaks, no dia 28 de novembro de 2010, e o início da Primavera Árabe, em 17 de dezembro de 2010. Esse foi o dia em que um vendedor ambulante pobre, chamado Mohamed Bouazizi, ateou fogo no próprio corpo. Em um bate-papo com um jornalista britânico neste ano, Oussama Romdhani, ministro da propaganda de Ben Ali, admitiu que o 'Tunileaks foi o golpe de misericórdia, a gota d'água que destruiu o sistema de Ben Ali'. Não foram informações sobre a corrupção e o nepotismo; os tunisianos não precisavam do Tunileaks para saber que o país era corrupto. Há anos os tunisianos comentam e fazem piadas sobre a corrupção. A diferença foi o efeito psicológico de um *establishment* confrontado publicamente com a própria imagem vergonhosa. Foi o fato de o governo saber que, agora, todo mundo conhecia, dentro e fora do país, a extensão da corrupção e do autoritarismo do go-

verno tunisiano. E a história não foi contada por um dissidente ou um conspirador político. Foi o Departamento de Estado norte-americano, um suposto aliado". Sami Ben Gharbia, "Chelsea Manning and the Arab Spring", *Nawaat*, 28 fev. 2014, <archive.today/pw0p9>. Outro artigo de Sami Ben Gharbia, publicado poucos meses antes da Primavera Árabe, faz uma crítica veemente ao tema mais amplo do interesse dos norte-americanos pela "liberdade da internet" no Oriente Médio e no Norte da África. Sami Ben Gharbia, "The Internet Freedom Fallacy and the Arab Digital Activism", *Nawaat*, 17 set. 2010, <archive.today/aoTrj>.

[16] "Clinton on a WikiLeaks 'Apology Tour'", *UPI*, 10 jan. 2011, <archive.today/AYRCx>.

[17] Brian Whitaker, "Gaddafi *versus* Kleenex", 18 jan. 2011, disponível em: <al-bab.com> com o título "Libya: The Fall of Colonel Gaddafi", <archive.today/lxF1u>. Jillian C. York, "Qaddafi's View of the Internet in Tunisia", 16 jan. 2011, <jilliancyork.com>, <archive.today/GFRQC>.

[18] Greg Grandin, "With Ollanta Humala's Win, Peru Joins Latin America's Left Turn", *Nation*, 7 jun. 2011, <archive.today/8cvxx>. Veja também Nikolas Kozloff, "WikiLeaks Cables: The Great Equaliser in Peru", *Al Jazeera*, 2 jun. 2011, <archive.today/wBacn>.

[19] O guitarrista e compositor Tom Morello (Rage Against the Machine, Audioslave, The Nightwatchman, Street Sweeper Social Club, "Multi_Viral", do Calle 13, com Tom Morello, Julian Assange e Kamilya Jubran), apresentando-se a uma multidão nas manifestações de Wisconsin, leu uma carta de solidariedade que lhe foi enviada por um dos organizadores do protesto da Praça Tahrir, Moar Eletrebi. Dizia a carta: "Para os nossos amigos de Madison, Wisconsin: Gostaríamos que vocês pudessem ver com os próprios olhos a mudança que fizemos aqui. A justiça é maravilhosa, mas a justiça nunca é de graça. Vocês podem ter a beleza da Praça Tahrir em qualquer lugar, em qualquer esquina, em sua cidade ou em seu coração. Então, agarre-a com força, não largue e respire fundo, Wisconsin! Nosso destino auspicioso está na brisa, no Centro-Oeste e no Oriente Médio. Respire fundo, Wisconsin, porque a justiça está no ar, e que a energia da Praça Tahrir esteja em cada coração nas ruas de Madison hoje". Tom Morello, "Frostbite and Freedom: Tom Morello on the Battle of Madison", *Rolling Stone*, 25 fev. 2011, <archive.today/nTB6h>.

[20] Manning passou boa parte do primeiro ano de sua detenção sem julgamento e em confinamento solitário numa prisão militar dos Fuzileiros Navais dos Estados Unidos em Quantico, na Virgínia, em condições descritas por Juan Mendez, relator especial das Nações Unidas sobre a tortura, como "cruéis, desumanas e degradantes", e possivelmente no limite da tortura. A equipe de defesa de Manning insinuou que ele foi tratado desse modo para coagi-lo a fazer uma "confissão" implicando o WikiLeaks. O presidente Barack Obama declarou que as condições nas quais Manning foi mantido foram "adequadas e em conformidade com os nossos padrões básicos". Trezentos professores de direito, inclusive o professor Laurence Tribe, de Harvard, que foi professor de Obama, denunciaram o abuso. Philip J. Crowley, porta-voz do Departamento de Estado, declarou que o tratamento imposto pelo Pentágono a Manning foi "ridículo, contraproducente e estúpido" e em seguida renunciou ao cargo. Uma campanha internacional conseguiu pressionar o governo norte-americano e Manning foi transferido para Fort Leavenworth, no Kansas, e a prisão militar dos Fuzileiros Navais em Quantico, na Virgínia, foi desativada permanentemente. Para mais detalhes sobre o tratamento desumano dado a Chelsea Manning, veja o capítulo 5.

[21] Isso ficou conhecido como o escândalo da HBGary Federal. Para mais detalhes, veja capítulo 5.

[22] Barrett Brown é jornalista *freelance*, e acabou na mira das autoridades norte-americanas por causa de suas investigações na indústria da segurança. Brown foi detido em setembro de 2012, sem direito a fiança. Em outubro de 2012, foi indiciado e preso. As três acusações contra ele diziam respeito a ameaças que ele teria feito a um agente do FBI. Em dezembro de 2012, doze outras acusações foram feitas contra ele, todas relacionadas a seu trabalho como jornalista, entre elas uma suposta invasão eletrônica na empresa de inteligência texana Stratfor, no ano anterior. Veja Glenn Greenwald, "The Persecution of Barrett Brown – and How to Fight It", *The Guardian*, 21 mar.

2013, <archive.today/tUnJ9>. Veja também Douglas Lucas, "Barrett Brown's New Book 'Keep Rootin' for Putin' Skewers Mainstream Media Pundits", *Vice*, 25 fev. 2014, <archive.today/oS5qv>. Veja também Christian Stork, "The Saga of Barrett Brown: Inside Anonymous and the War on Secrecy", *WhoWhatWhy*, 21 fev. 2013, <archive.today/mUtJE>. A pena máxima possível para as acusações contra Brown era de 105 anos. Veja Kristin Bergman, "Adding up to 105: The Charges Against Barrett Brown", *Digital Media Law Project*, 6 ago. 2013, <archive.today/TQrdR>. Uma das acusações de ameaça contra um agente do FBI estava relacionada a um tweet postado por Brown que dizia: "Os mortos não têm como publicar nada... materei ilegalmente o filho da puta". Na verdade, a frase não foi uma ameaça a um agente do FBI. Brown citava uma convocação explícita ao meu assassinato, feita originalmente por Bob Beckel, comentarista da Fox News, no dia 6 de dezembro de 2010. Apesar de Brown ter sido acusado por citar as palavras de Beckel (para criticá-las), Beckel nunca foi indiciado. Veja "Fox News' Bob Beckel Calls for 'Illegally' Killing Assange: 'A Dead Man Can't Leak Stuff' (Video)", *Huffington Post*, 7 dez. 2010, <archive.today/XiUNo>. No início de 2014, Brown fez um acordo judicial. Ele deve ser julgado até o fim de 2014. No fim de abril de 2014, momento em que escrevo este livro, Brown está preso sem julgamento há um ano, sete meses e dezoito dias. Veja "Barrett Brown Signs Plea Deal", site do Free Barrett Brown, 3 abr. 2014, <archive.today/SNMda>. O WikiLeaks divulgou uma declaração sobre a perseguição a Barrett Brown em setembro de 2013 ("Editorial: Release Barrett Brown", WikiLeaks, 16 set. 2013, <archive.today/lROIX>).

[23] Em 5 de dezembro de 2010, logo depois que VISA, MasterCard, PayPal, Amazon e outras financeiras começaram a negar serviço ao WikiLeaks, houve uma discussão no fórum do site oficial do Bitcoin sobre o risco de as doações ao WikiLeaks com o Bitcoin despertar um interesse indesejado do governo pela criptomoeda. "Podem mandar ver", dizia um post. "Satoshi Nakamoto", o pseudônimo do inventor do Bitcoin, respondeu: "Não, não 'podem mandar ver'. O projeto precisa crescer aos poucos, para que o software se consolide com o tempo. Faço este apelo ao WikiLeaks para que eles não tentem usar o Bitcoin. O Bitcoin é uma pequena comunidade beta, que ainda está engatinhando. Vocês só conseguiriam juntar umas moedas e a atenção que atrairiam para o Bitcoin provavelmente nos destruiria neste estágio". Veja o post no fórum do Bitcoin, <archive.today/Gvonb#msg26999>. Seis dias depois, em 12 de dezembro de 2010, Satoshi desapareceu da comunidade do Bitcoin, mas antes postou a seguinte mensagem: "Teria sido bom atrair tanta atenção em outro contexto. O WikiLeaks cutucou a onça com vara curta e a onça veio para cima de nós". Veja o post no fórum do Bitcoin, <archive.today/XuHCD#selection-1803.0-1802.1>. O WikiLeaks concordou com a análise de Satoshi e decidiu adiar o lançamento de um canal de doações com o Bitcoin até a moeda se firmar. O link do WikiLeaks para doações com o Bitcoin só foi lançado depois do primeiro grande salto de crescimento da moeda, em 14 de junho de 2011. Veja o anúncio no Twitter do WikiLeaks, <archive.today/1hscT>. Veja também os dados, no blockexplorer.com, do fluxo de transações do Bitcoin para o endereço de doações do WikiLeaks, <is.gd/wJp3tX>.

[24] Para mais detalhes, veja "Extraditing Assange" no site Justice for Assange, <archive.today/6izpC>.

[25] Por exemplo, veja o anúncio feito em dezembro de 2010 pelo então procurador-geral Robert McClelland, da Austrália, sobre o WikiLeaks: "Doorstop on leaking of US Classified Documents by WikiLeaks", site da Procuradoria-Geral Australiana, 29 nov. 2010, <archive.today/Qirks>. A expressão "em todas as esferas do governo" ainda estava em uso em março de 2012, como mostra o memorando "WikiLeaks Whole of Government Talking Points", obtido do escritório do procurador-geral nos termos da Lei de Liberdade de Informação (<is.gd/MzxG58>). Comunicados diplomáticos obtidos do Departamento de Comércio e Relações Exteriores da Austrália nos termos da Lei de Liberdade de Informação também mencionam encontros privados com autoridades norte-americanas, referindo-se às investigações sobre o WikiLeaks como "sem precedentes, tanto em termos de escala quanto de natureza" (<archive.today/OAdui>).

[26] Philip Shenon, "The General Gunning for WikiLeaks", *Daily Beast*, 12 set. 2010, <archive.today/Onf0m>.

[27] "DOJ Continues Its 'Multi-Subject' Investigation of WikiLeaks", *emptywheel*, 26 abr. 2014, <archive.today/g7zwa>. Veja também Philip Dorling, "Assange Targeted by FBI Probe, US Court Documents Reveal", *Sydney Morning Herald*, 20 maio 2014, <archive.today/zFhv7>. Sobre os documentos judiciais mencionados no artigo do *Sydney Morning Herald*, veja Case 1:12-cv-00127-BJR, no Tribunal do Distrito de Columbia, <is.gd/hvvmgM>. Para saber mais sobre o grande júri, veja o capítulo 5.

[28] "Cablegate", WikiLeaks, <www.wikileaks.org/cablegate>, "Gitmo Files", WikiLeaks, <www.wikileaks.org/gitmo>.

[29] O International Crisis Group se intitula uma "organização não governamental independente, sem fins lucrativos", que trabalha "com análises de campo e defesa de alto nível para prevenir e resolver conflitos fatais". O grupo também é descrito como um "*think/do tank* de alto nível [concebido] principalmente para dar orientação política aos governos envolvidos na reformulação dos Balcãs liderada pela Otan". Veja Michael Barker, "Imperial Crusaders for Global Governance", *Swans Commentary*, 20 abr. 2009, <archive.today/b8G3o>. O perfil de Malcomson no site do International Crisis Group pode ser visto em: <www.crisisgroup.org>, <archive.today/ETYXp>.

[30] É possível dizer que essa é a prova viva da debilidade da hipótese de Sapir-Whorf. Veja "Linguistic Relativity", Wikipedia, <archive.today/QXJPx>.

[31] Glenn Greenwald, "Fact and Myths in the WikiLeaks/Guardian Saga", *Salon*, 2 set. 2011, <archive.today/5KLJH>. Veja também Matt Giuca, "WikiLeaks Password Leak FAQ", *Unspecified Behaviour*, 3 set. 2011, <archive.today/ylPUp>. Veja também "WikiLeaks: Why *The Guardian* Is Wrong and Shouldn't Have Published the Password", *Matt's Tumblr*, 1º set. 2011, <archive.today/aWjj4>.

[32] Andrew Jacobs, "Visit by Google Chairman May Benefit North Korea", *The New York Times*, 10 jan. 2013, <archive.today/bXrQ2>.

[33] Jeremy Hammond, um jovem revolucionário cibernético, íntegro e corajoso, foi depois acusado pelo governo dos Estados Unidos de entregar esses documentos ao WikiLeaks. Hoje ele é um preso político, condenado a dez anos de reclusão depois de falar com um informante do FBI.

[34] Yazan al-Saadi, "StratforLeaks: Google Ideas Director Involved in 'Regime Change'", *Al Akhbar*, 14 mar. 2012, <archive.today/gHMzq>.

[35] "Re: GOOGLE & Iran ** internal use only – pls do not forward **", e-mail ID 1121800 (27 fev. 2011), Global Intelligence Files, WikiLeaks, 14 mar. 2012, <archive.today/sjxuG>. Para mais e-mails internos da Stratfor sobre Jared Cohen e o Google, veja: "Egypt – Google ** Suggest you read", e-mail ID 1122191 (9 fev. 2011), Global Intelligence Files, WikiLeaks, 14 mar. 2012, <archive.today/DCzlA>; "Re: More on Cohen", e-mail ID 1629270 (9 fev. 2011), Global Intelligence Files, WikiLeaks, 14 mar. 2012, <archive.today/opQ3a>; "Re: Google Shitstorm Moving to Gaza (internal use only)", e-mail ID 1111729 (10 fev. 2011), Global Intelligence Files, WikiLeaks, 14 mar. 2012, <archive.today/vpK3F>; "Re: Google's Cohen Activist Role", e-mail ID 1123044 (10 fev. 2011), Global Intelligence Files, WikiLeaks, 11 mar. 2013, <archive.today/nvFP6>; "Re: movements.org founder Cohen", e-mail ID 1113596 (11 fev. 2011), Global Intelligence Files, WikiLeaks, 6 mar. 2012, <archive.today/ToYjC>; "Re: discussion: who is next?", e-mail ID 1113965 (11 fev. 2011), Global Intelligence Files, WikiLeaks, 14 mar. 2012, <archive.today/ofBMr>; "GOOGLE Loose Canon Bound for Turkey & UAE (SENSITIVE – DO NOT FORWARD)", e-mail ID 1164190 (10 mar. 2011), Global Intelligence Files, WikiLeaks, 14 mar. 2012, <archive.today/Jpy4F>; "Re: [alpha] GOOGLE – Cohen & Hosting of Terrorists", e-mail ID 1133861 (22 mar. 2011), Global Intelligence Files, WikiLeaks, 14 mar. 2012, <archive.today/OCR78>; "[alpha] Jared Cohen (GOOGLE)", e-mail ID 1160182 (30 mar. 2011), Global In-

telligence Files, WikiLeaks, 14 mar. 2012, <archive.today/FYQYe>. Para esses e outros e-mails, veja a coletânea de fontes em: <when.google.met.wikileaks.org>.

[36] "Re: GOOGLE's Jared Cohen update", e-mail ID 398679 (14 fev. 2011), Global Intelligence Files, WikiLeaks, 14 mar. 2012, <archive.today/IoFw4>. Esse e-mail está incluído na coletânea de fontes em: <when.google.met.wikileaks.org>.

[37] "Using Connection Technologies to Promote US Strategic Interests in Afghanistan: Mobile Banking, Telecommunications Insurance, and Co-Location of Cell Phone Towers", ID canônico: <09KABUL2020_a>, Public Library of US Diplomacy, WikiLeaks, <archive.today/IoAlC>. Esse e-mail está na coletânea de fontes em: <when.google.met.wikileaks.org>. Em maio de 2014, o WikiLeaks revelou que a NSA teve acesso a todas as ligações de celular e gravava todas para consulta posterior. Veja "WikiLeaks Statement on the Mass Recording of Afghan Telephone Calls by the NSA", *WikiLeaks*, 23 maio 2014, <archive.today/lp6Pl>.

[38] Sobre a Public Library of US Diplomacy, WikiLeaks, veja os comunicados diplomáticos com os IDs canônicos: <07BEIRUT1944_a>, <08BEIRUT910_a>, <08BEIRUT912_a>, <08BEIRUT918_a>, <08BEIRUT919_a>, <08BEIRUT1389_a> e <09BEIRUT234_a>. Coletânea disponível em: <archive.today/34MyI>. Veja também a coleção de fontes em: <when.google.met.wikileaks.org>.

[39] "EUR Senior Advisor Pandith and S/P Advisor Cohen's Visit to the UK, October 9-14, 2007", ID canônico: <07LONDON4045_a>, Public Library of US Diplomacy, WikiLeaks, <archive.today/mxXGQ>. Para saber mais sobre Jared Cohen, com base nos arquivos do WikiLeaks, veja: <archive.today/5fVm2>. Veja também a coleção de fontes no site: <when.google.met.wikileaks.org>.

[40] Veja "Summit against Violent Extremism (Save)" no site do Conselho de Relações Exteriores, <archive.today/rA1tA>.

[41] Para informações sobre a Foreign Policy Initiative, veja Max Blumenthal e Rania Khalek, "How Cold War–Hungry Neocons Stage Managed RT Anchor Liz Wahl's Resignation", *Truthdig*, 19 mar. 2014, <archive.today/JSUHq>.

[42] "About GNF", site da Gen Next Foundation, <archive.today/p91bd>.

[43] "againstviolentextremism.org", site da Gen Next Foundation, <archive.today/Rhdtf>.

[44] "movements.org", site da Gen Next Foundation, <archive.today/oVlqH>. Chamo a atenção para o seguinte trecho de um relatório confidencial a respeito de um encontro realizado em março de 2011 entre Stratfor e o "principal organizador" do movements.org: "Como nasceu o movements. org: [este trecho não deve ser divulgado] em 2008 ficou claro para a USG que eles precisavam fazer diplomacia pela internet. Jared Cohen estava no Departamento de Estado na época e foi muito importante para a criação da organização. O principal objetivo era divulgar notícias que reforçavam a imagem dos Estados Unidos". "[alpha] INSIGHT–US/MENA–Movements.org", e-mail ID 1356429 (29 mar. 2011), Global Intelligence Files, WikiLeaks, 4 mar. 2013, <archive.today/PgQji>. Veja também a coletânea de fontes em: <when.google.met.wikileaks.org>.

[45] Para saber mais sobre o evento, veja Joseph L. Flatley, "Being Cynical: Julian Assange, Eric Schmidt, and the Year's Weirdest Book", *Verge*, 7 jun. 2013, <archive.today/gfLEr>. Veja também "The Summit: New York City, The 2008 Inaugural Alliance of Youth Movements Summit", site do movements.org, <archive.today/H2Ox1#2008>. Veja os logotipos dos patrocinadores em "About movements.org", movements.org, <archive.today/DQo19>.

[46] "Attendee Biographies, 3-5 December 2008, New York City", Alliance of Youth Movements, <is.gd/bLOVxT>. Veja também "09 Summit, Attendee Biographies, 14-16 October 2009, Mexico City", Alliance of Youth Movements, <is.gd/MddXp7>. Veja também "Attendee Biographies, 9-11 March 2010, London", movements.org, <is.gd/dHTVit>.

[47] "The Summit: London, The 2010 Alliance For Youth Movements Summit", site do movements. org, <archive.today/H2Ox1#2010>. E "The Summit: Mexico City, The 2009 Alliance of Youth Movements Summit", movements.org, <archive.today/H2Ox1#2009>.

48 Hillary Rodham Clinton, "Secretary Clinton's Video Message for Alliance of Youth Movements Summit", US Department of State, 16 out. 2009, <archive.today/I2x6U>. Veja também Hillary Rodham Clinton, "Remarks at TecMilenio University", US Department of State, 26 mar. 2009, <archive.today/49ACj>.
49 Scott Shane, "Groups to Help Online Activists in Authoritarian Countries", *The New York Times*, 11 jun. 2012, <archive.today/jqq9U>.
50 "Mission Statement", site do Advancing Human Rights, <archive.today/kBzYe>. Scott Shane, "Groups to Help Online Activists in Authoritarian Countries", *The New York Times*, 11 jun. 2012, <archive.today/jqq9U>.
51 Idem.
52 "People", site do Advancing Human Rights, <archive.today/pXmPk>.
53 A Edelman é famosa por uma série de campanhas pseudoespontâneas para o Walmart e para a indústria do tabaco. A página sourcewatch.org sobre a Edelman, que vale a pena ler na íntegra, tem uma seção sobre a estratégia da Edelman para cooptar o terceiro setor: "O departamento de relações públicas da Edelman informa aos clientes que os ativistas estão vencendo porque 'eles jogam na ofensiva; levam a mensagem ao consumidor; são criativos na formação de coalizões; têm interesses claros; agem na velocidade da internet; têm um discurso alinhado com os meios de comunicação'. A solução – argumenta a empresa – são parcerias entre as ONGs e as empresas. 'Nossa experiência tem sido positiva até o momento', dizem, e citam exemplos como a 'Chiquita-Rainforest Alliance' e o 'Home Depot-Forest Stewardship Council'". Veja "Daniel J. Edelman, Inc.", site da SourceWatch, <archive.today/APbOf>. Para saber quem são os patrocinadores do movements.org, veja: "About movements.org", site do movements.org, <archive.today/NMkOy>.
54 Para um exemplo de um texto de Alec Ross, veja Alec Ross e Ben Scott, "Social Media: Power to the People?", *NATO Review*, 2011, <archive.today/L6sb3>.
55 "Speakers", site do Conflict in a Connected World, <archive.today/Ed8rA>.
56 O "problema do principal-agente" ou "dilema da agência" é quando a parte iniciante, o principal, contrata uma parte anuente, o agente, para agir em seu nome, mas os interesses das duas partes não são suficientemente alinhados e o agente usa sua posição para explorar o principal. Um advogado que toma decisões de acordo com seus próprios interesses, e não do cliente, é um exemplo clássico desse dilema.
57 Os "comitês de ação política" são um *pool* de financiamento de campanhas utilizado com frequência para ocultar apoio a determinados políticos, contornar os regulamentos acerca do financiamento de campanhas ou promover uma questão específica.
58 Os valores das doações políticas estão no opensecrets.org (opensecrets.org/indivs) e na US Federal Election Commission (fec.gov/finance/disclosure/norindsea.shtml). Veja os resultados da busca "Eric Schmidt" no site da Federal Election Commission, <archive.today/yjXoi>. Veja também a imagem da tela dos resultados da busca "Eric e Wendy Schmidt" no site da opensecrets.org, <archive.today/o6hiB>.
59 "Our Funding", site da New America Foundation, <archive.today/3FnFm>.
60 Perfil de Francis Fukuyama no site da New America Foundation, <archive.today/6ZKk5>; perfil de Rita E. Hauser no site da New America Foundation, <archive.today/oAvJf>; perfil de Jonathan Soros no site da New America Foundation, <archive.today/lTJy9>; perfil de Walter Russell Mead no site da New America Foundation, <archive.today/APejM>; perfil de Helene D. Gayle no site da New America Foundation, <archive.today/72plM>; perfil de Daniel Yergin no site da New America Foundation, <archive.today/kQ4ys>. Veja o conselho administrativo completo no site da New America Foundation, <archive.today/iBvgl>.
61 Perfil de Anne-Marie Slaughter no site da New America Foundation, <archive.today/yIoLP>.
62 "A solução para a crise na Ucrânia reside, em parte, na Síria. É hora de o presidente dos Estados Unidos, Barack Obama, provar que é capaz de ordenar o uso ofensivo de força em outras circuns-

tâncias, além de ataques com drones e operações secretas. O resultado alterará o cálculo estratégico não só em Damasco, mas também em Moscou, para não mencionar Pequim e Tóquio." Anne-Marie Slaughter, "Stopping Russia Starts in Syria", *Project Syndicate*, 23 abr. 2014, <archive.today/GiLng>. Jared Cohen retuitou a aprovação recebida por Slaughter sobre a questão. Por exemplo, ele enviou um tweet em 26 de abril de 2014 que afirmava que o argumento exposto no artigo citado foi "direto ao ponto" (<archive.today/qLyxo>).

63 Sobre a conferência de Bilderberg, veja Matthew Holehouse, "Bilderberg Group 2013: Guest List and Agenda", *Telegraph*, 6 jun. 2013, <archive.today/PeJGc>. Sobre o Foreign Affairs Policy Board do Departamento de Estado, veja a lista dos membros atuais do conselho administrativo no site do Departamento de Estado norte-americano, <archive.today/Why8v>.

64 As listas de participantes das conferências de Bilderberg, desde 2010, estão disponíveis no site da Bilderberg (www.bilderbergmeetings.org). Eric Schmidt foi fotografado na conferência de Bilderberg de 2014, em Copenhague, com Viviane Reding, comissária de justiça da União Europeia, e Alex Karp, CEO da Palantir Technologies, uma empresa de inteligência e *data mining* que vende serviços de busca e integração de dados para clientes da área de inteligência e manutenção da ordem pública; foi criada com fundos de capital de risco da CIA, o In-Q-Tel. Veja Charlie Skelton, "Bilderberg Conference 2014: Eating our Politicians for Breakfast", *The Guardian*, 30 maio 2014, <archive.today/pUY5b>. Em 2011, a Palantir foi envolvida no escândalo da HBGary, e foi apontada como parte de um grupo de fornecedores do governo que propunha derrubar o WikiLeaks. Para saber mais, veja o capítulo 5. Veja também Andy Greenberg e Ryan Mac, "How a 'Deviant' Philosopher Built Palantir, a CIA-Funded Data-Mining Juggernaut", *Forbes*, 2 set. 2013, <archive.today/ozAZ8>. Os registros de visitantes da Casa Branca estão disponíveis no site da Casa Branca, <archive.today/QFQx0>. Sobre Schmidt no Fórum Econômico Mundial, veja Emily Young, "Davos 2014: Google's Schmidt Warning on Jobs", *BBC*, 23 jan. 2014, <archive.today/jGl7B>. Veja também Larry Elliott, "Davos Debates Income Inequality But Still Invites Tax Avoiders", *The Guardian*, 19 jan. 2014, <archive.today/IR767>.

65 Adrianne Jeffries, "Google's Eric Schmidt: 'Let Us Celebrate Capitalism'", *Verge*, 7 mar. 2014, <archive.today/gZepE>.

66 Para um exemplo da ambivalência do Google no que se refere à questão da privacidade, veja Richard Esguerra, "Google CEO Eric Schmidt Dismisses the Importance of Privacy", *Electronic Frontier Foundation*, 10 dez. 2009, <archive.today/rwyQ7>.

67 Dados atualizados até 2013. Veja "Google Annual Search Statistics", Statistic Brain (Statistic Brain Research Institute), 1º jan. 2014, <archive.today/W7DgX>.

68 Há uma disposição constrangida entre os que defendem a privacidade de tomar partido contra a vigilância em massa do Estado, mas não contra métodos semelhantes de vigilância utilizados com fins lucrativos pelas grandes empresas. Em parte, isso é resultado de uma ética residual proveniente das origens libertárias das campanhas a favor da privacidade na internet. Em parte, é um sintoma das iniciativas de relações públicas das empresas do Vale do Silício, e do fato de que essas empresas são as grandes financiadoras dos mais importantes grupos de defesa da privacidade digital, o que leva a um conflito de interesses. Individualmente, muitos defensores da privacidade, inclusive os mais comprometidos, admitem ser viciados em programas de uso fácil, mas que acabam com a privacidade, como é o caso do Gmail, do Facebook e dos produtos da Apple. Consequentemente, os que defendem a privacidade muitas vezes negligenciam os abusos das empresas privadas. Quando se voltam contra os abusos de empresas como o Google, eles tendem a apelar para a lógica do mercado, exigindo que as empresas façam pequenas concessões à privacidade do usuário para melhorar sua aprovação. Partem da falsa premissa de que as forças do mercado garantem que o Vale do Silício seja um antagonista natural do governo, e que essas empresas estão do lado do público, ou seja, as multinacionais voltadas para o lucro são mais guiadas pelo espírito da

democracia do que os órgãos públicos. Muitos dos que defendem a privacidade justificam o foco predominante nos abusos do Estado alegando que o Estado possui o monopólio da força coercitiva. Por exemplo, Edward Snowden disse supostamente que as empresas de tecnologia não "dirigem ogivas contra as pessoas". Veja Barton Gellman, "Edward Snowden, after Months of NSA Revelations, Says His Mission's Accomplished", *Washington Post*, 23 dez. 2013, <archive.today/d6P8q>. Essa visão diminui a importância do fato de que empresas poderosas fazem parte do centro de poder do Estado e podem usar seu poder de coerção, do mesmo modo que o Estado muitas vezes exerce sua influência por intermédio de empresas poderosas. O movimento para acabar com a privacidade é uma faca de dois gumes. Defensores da privacidade que veem apenas um dos gumes serão feridos pelo outro.

69 Veja o item 7, "Acknowledgments", em Sergey Brin e Lawrence Page, "The Anatomy of a Large-Scale Hypertextual Web Search Engine" (Computer Science Department, Stanford University, 1998): "A pesquisa descrita aqui é parte do Stanford Integrated Digital Library Project, com o apoio da National Science Foundation, nos termos do Cooperative Agreement IRI-9411306. Esse acordo cooperativo também recebeu fundos da Darpa e da Nasa, da Interval Research e dos parceiros corporativos do Stanford Digital Libraries Project" (<archive.today/tb5VL>).

70 Michael Hayden está atualmente no Chertoff Group, uma consultoria que se descreve como a "melhor empresa de consultoria em segurança e gestão de riscos". Foi fundada e é presidida por Michael Chertoff, que foi secretário do Departamento de Segurança Nacional no governo de George W. Bush. Veja Marcus Baram, "Fear Pays: Chertoff, Ex-Security Officials Slammed for Cashing in on Government Experience", *Huffington Post*, 23 nov. 2010, atualizado em 25 maio 2011, <archive.today/iaM1b>.

71 "Conhecimento de Informação Total" era um programa de inteligência radical, criado após o 11 de Setembro, e coordenado pela Defense Advanced Research Projects Agency, para vigiar e coletar informações sobre pessoas a fim de antecipar seu comportamento. O programa foi oficialmente interrompido em 2003, após protestos públicos, mas seu legado pode ser visto nas recentes revelações de espionagem em massa realizada pela Agência de Segurança Nacional. Veja Shane Harris, "Giving in to the Surveillance State", *The New York Times*, 22 ago. 2012, <archive.today/v4zNm>.

72 "The Munk Debate on State Surveillance: Edward Snowden Video" (vídeo), Munk Debates, <archive.today/zOj0t>. Veja também Jane Mayer, "The Secret Sharer: Is Thomas Drake an Enemy of the State?", *New Yorker*, 23 maio 2011, <archive.today/pXoy9>.

73 "Company Overview", site do Google, <archive.today/JavDC>.

74 *Lost in the Cloud: Google and the US Government* (relatório), Consumer Watchdog's Inside Google, jan. 2011, <bit.ly/1qNoHQ9>. Veja também Verne Kopytoff, "Google Has Lots to Do with Intelligence", *San Francisco Chronicle*, 30 mar. 2008, <archive.today/VNEJi>. Veja também Yasha Levine, "Oakland Emails Give Another Glimpse into the Google-Military-Surveillance Complex", *Pando Daily*, 7 mar. 2014, <archive.today/W35WU>. Veja também Yasha Levine, "Emails Showing Google's Closeness with the NSA Director Really Aren't That Surprising", *Pando Daily*, 13 maio 2014, <archive.today/GRT18>. Yasha Levine escreveu uma série de artigos investigativos sobre os vínculos do Google com a indústria militar e de inteligência. Minha discussão a respeito desses vínculos se baseia nas pesquisas de Levine, que vale a pena ler no original (pando.com/author/ylevine).

75 Yasha Levine, "Oakland Emails Give Another Glimpse into the Google-Military-Surveillance Complex", *Pando Daily*, 7 mar. 2014, <archive.today/W35WU>. Para saber mais sobre os vínculos do Google com a CIA, veja Noah Shachtman, "Exclusive: Google, CIA Invest in 'Future' of Web Monitoring", *Wired*, 28 jul. 2010, <archive.today/e0LNL>.

76 Yasha Levine, "Oakland Emails Give Aanother Glimpse into the Google-Military-Surveillance Complex", *Pando Daily*, 7 mar. 2014, <archive.today/W35WU>.

77 Idem.
78 Ellen Nakashima, "Google to Enlist NSA to Help It Ward off Cyberattacks", *Washington Post*, 4 fev. 2010, <archive.today/hVTVl>.
79 A denominação oficial da ocupação militar dos Estados Unidos no Afeganistão é semelhante: "Operation Enduring Freedom" ["Operação Liberdade Duradoura"]. Veja "Infinite Justice, out – Enduring Freedom, in", *BBC*, 25 set. 2001, <archive.today/f0fp7>.
80 Jason Leopold, "Exclusive: Emails Reveal Close Google Relationship with NSA", *Al Jazeera America*, 6 maio 2014, <archive.today/V0fdG>.
81 Idem.
82 "Defense Industrial Base Sector", no site do Departamento de Segurança Interna dos Estados Unidos, <archive.today/Y7Z23>.
83 Veja "Top Spenders", em "Influence and Lobbying", no site do opensecrets.org, <archive.today/xQyui>. Veja também Tom Hamburger, "Google, once Disdainful of Lobbying, Now a Master of Washington Influence", *Washington Post*, 13 abr. 2014, <archive.today/oil7k>.
84 Sy Hersh escreveu dois artigos sobre o malfadado caso da "intervenção" do governo Obama na Síria. Veja Seymour M. Hersh, "Whose Sarin?", *London Review of Books*, 19 dez. 2013, <archive.today/THPGh>. Veja também Seymour M. Hersh, "The Red Line and the Rat Line", *London Review of Books*, 17 abr. 2014, <archive.today/qp5jB>.
85 A imagem da página pode ser encontrada em: <archive.today/Q6uq8>. O Google se orgulha de não ter nenhuma interferência em sua página principal. Essa pureza e essa santidade foram incorporadas no manifesto do Google: "A interface da nossa página inicial é clara e simples e as páginas são carregadas instantaneamente. O posicionamento nos resultados de pesquisa nunca é vendido a ninguém e os anúncios não apenas são claramente indicados, como também oferecem um conteúdo relevante, sem incomodar o usuário". Veja "Ten Things We Know to Be True", site do Google, <archive.today/s7v9B#selection-243.52-243.277>. Nas raras ocasiões em que o Google acrescenta uma linha na página de busca para anunciar seus projetos, como o navegador Chrome, a mudança vira notícia. Veja Cade Metz, "Google Smears Chrome on 'Sacred' Home Page", *Register*, 9 set. 2008, <archive.today/kfneV>. Veja também Hayley Tsukayama, "Google Advertises Nexus 7 on Home Page", *Washington Post*, 28 ago. 2012, <archive.today/QYfBV>.
86 Thomas Friedman publicou várias colunas exaltando as virtudes de seu "centrismo radical", como "Make Way for the Radical Center", *The New York Times*, 23 jul. 2011, <archive.today/IZzhb>.
87 Thomas Friedman, "A Manifesto for the Fast World", *The New York Times*, 28 mar. 1999, <archive.today/aQHvy>.
88 Eric Schmidt e Jared Cohen, *The New Digital Age: Reshaping the Future of People, Nations and Business* (Londres, John Murray, 2013), p. 98 [ed. bras.: *A nova era digital: como será o futuro das pessoas, das nações, e dos negócios*, Rio de Janeiro, Intrínseca, 2013]. O Google está comprometido com essa ambição. Desde o início de 2013, comprou nove empresas de robótica experimental e inteligência artificial e pôs todas para trabalhar com um propósito não declarado, sob o comando de Andy Rubin, ex-diretor da Android, também do Google. Veja John Markoff, "Google Puts Money on Robots, Using the Man behind Android", *The New York Times*, 4 dez. 2013, <archive.today/Izr7B>. Veja também Adam Clark Estes, "Meet Google's Robot Army. It's Growing", *Gizmodo*, 27 jan. 2014, <archive.today/mN2GF>. Duas das aquisições do Google são competidores importantes no Darpa Robotics Challenge, uma competição promovida pela Defense Advanced Research Projects Agency, com um apoio financeiro generoso do Pentágono aos competidores. A primeira, a empresa japonesa Schaft Inc., é uma forte candidata à vitória no Darpa Robotics Challenge, com um robô humanoide que é capaz de subir escadas, abrir portas, atravessar ruínas e não é afetado por radiação. A segunda, a Boston Dynamics, é especializada na produção de robôs para o Departamento de Defesa que podem correr, caminhar e rastejar. O robô mais conhecido

da Boston Dynamics é o "BigDog", um robô semelhante a um cavalo que faz transporte de apoio para as tropas – mas você só vai acreditar se vir (YouTube: <is.gd/xOYFdY>). Veja Breezy Smoak, "Google's Schaft Robot wins DARPA Rescue Challenge", *Electronic Products*, 23 dez. 2013, <archive.today/M7L6a>. Veja também John Markoff, "Google Adds to Its Menagerie of Robots", *The New York Times*, 14 dez. 2013, <archive.today/cqBX4>. O verdadeiro poder do Google como empresa "drone" é a sua coleção incomparável de dados de navegação. Isso abrange todas as informações associadas ao Google Maps e a localização de cerca de um bilhão de pessoas. Não podemos presumir que esses dados, uma vez reunidos, serão sempre utilizados para fins benignos. Os dados de mapeamento coletados pelo Google Street View, projeto que fez carros percorrerem ruas de todo o mundo, podem ser fundamentais um dia para orientar robôs militares ou policiais por essas mesmas ruas.

89 Uma utopia que às vezes beira a megalomania. Por exemplo, Larry Page, CEO do Google, invocou em público a imagem de micro-Estados semelhantes a um Jurassic Park, nos quais o Google estaria livre das leis nacionais e poderia atuar sem impedimentos visando o progresso. "As leis [...] não podem ser adequadas se tiverem cinquenta anos; isso foi antes da internet. [...] Talvez possamos separar um pedaço do mundo [...]. Um ambiente em que as pessoas possam tentar coisas novas. Acredito que, como tecnólogos, deveríamos ter lugares seguros para testar coisas novas e descobrir seus efeitos na sociedade – qual serão os efeitos sobre as pessoas? – sem precisar lançar a tecnologia no mundo inteiro." Veja Sean Gallagher, "Larry Page Wants You to Stop Worrying and Let Him Fix the World", *Ars Technica*, 20 maio 2013, <archive.today/kHYcB>.

90 A Blackwater, famosa empresa de segurança mercenária, mais conhecida por matar civis iraquianos, foi rebatizada Xe Services em 2009 e, posteriormente, em 2011, Academi. Veja Jeremy Scahill, *Blackwater: The Rise of the World's most Powerful Mercenary Army* (Nova York, Nation Books, 2007) [ed. bras.: *Blackwater: a ascensão do exército mercenário mais poderoso do mundo*, São Paulo, Companhia das Letras, 2008].

91 Em uma perspectiva histórica, é possível afirmar que o sucesso do Google se baseou na vigilância comercial de civis por intermédio dos "serviços" oferecidos: buscas na internet, e-mail, redes sociais etc. Nos últimos anos, contudo, o Google vem expandindo a vigilância, controlando celulares e tablets. O sucesso do Android, o sistema operacional do Google lançado em 2008, deu à empresa uma participação de 80% no mercado de smartphones. O Google alega que mais de um bilhão de dispositivos Android foram registrados, atualmente a uma velocidade de mais de um milhão de aparelhos novos por dia. Veja "Q1 2014 Smartphone OS Results: Android Dominates High Growth Developing Markets", *ABIresearch*, 6 maio 2014, <archive.today/cTeRY>. Veja também "Android, the World's Most Popular Mobile Platform", no site da Android Developers, <archive.today/5y8oe>. Com o Android, o Google controla dispositivos que as pessoas utilizam rotineiramente para se conectar à internet. Cada dispositivo envia ao Google estatísticas de utilização, localização e outros dados. Isso lhe dá um poder sem precedentes de vigiar e influenciar as atividades de seus usuários, tanto na internet quando em suas atividades cotidianas. Outros projetos do Google, como o "Glass Project" e o "Project Tango", visam expandir a ubiquidade do Android, estendendo ainda mais os recursos de vigilância do Google no espaço que circunda seus usuários. Veja Jay Yarow, "This Chart Shows Google's Incredible Domination of the World's Computing Platforms", *Business Insider*, 28 mar. 2014, <archive.today/BTDJJ>. Veja também Yasha Levine, "Surveillance Valley Has Put a Billion Bugs in a Billion Pockets", *Pando Daily*, 7 fev. 2014, <archive.today/TA7sq>. Veja também Jacob Kastrenakes, "Google Announces Project Tango, a Smartphone That Can Map the World around It", *Verge*, 20 fev. 2014, <archive.today/XLLvc>. Veja também Edward Champion, "Thirty-Five Arguments against Google Glass", *Reluctant Habits*, 14 mar. 2013, <archive.today/UUJ4n>. O Google também quer se tornar um provedor de acesso à internet. O Project Loon visa dar acesso à internet a populações do hemisfério sul

usando pontos de acesso sem fio montados em balões e drones de grande altitude, e já adquiriu as empresas de drones Titan Aerospace e Makani Power. O Facebook, que concorreu com o Google pela aquisição da Titan Aerospace, tem aspirações semelhantes: adquiriu a Ascenta, empresa de drones aéreos com sede no Reino Unido. Veja Adi Robertson, "Google X 'Moonshots Lab' buys Flying Wind Turbine Company Makani Power", *Verge*, 22 maio 2013, <archive.today/gsnio>. Veja também o site do Project Loon em: <archive.today/4ok7L>. Veja também Sean Hollister, "Google Nabs Drone Company Facebook Allegedly Wanted to Buy", *Verge*, 14 abr. 2014, <archive.today/hc0kr>.

[92] Para um exemplo dos temores na Europa, veja Mathias Döpfner, "Why We Fear Google", *Frankfurter Allgemeine*, 17 abr. 2014, <archive.today/LTL6l>.

[93] A vigilância policial continua, no momento em que escrevo este livro, a um custo de US$ 10 milhões para o Tesouro do Reino Unido. Veja Martin Robinson, "Julian Assange Has Cost Britain £6m as Policing Bill to Guard Ecuadorian Embassy Where WikiLeaks Fugitive Is Hiding Soars", *Mail Online*, 25 abr. 2014, <archive.today/RwwyH>.

[94] Madeleine Albright é conhecida pelo prosseguimento das sanções contra o Iraque, pela campanha de bombardeios da Otan contra a Iugoslávia, em 1999, e pela expansão da Otan até as fronteiras da Rússia. Ela declarou que a morte de 500 mil crianças iraquianas em decorrência do regime de sanções "valeu a pena". Veja "Madeleine Albright Says 500,000 Dead Iraqi Children Was 'Worth It'... Wins Presidential Medal of Freedom from Obama" (vídeo), upload em 2 maio 2012, <youtube/omnskeu-puE>.

[95] Quando minha análise foi publicada, Evgeny Morozov, um crítico do setor da tecnologia e um dos pouquíssimos escritores que têm algo interessante a dizer sobre a interseção da tecnologia com a política, havia publicado uma análise do livro *A nova era digital* no *New Republic*. Vale muito a pena ler o artigo, bem como a crítica mordaz que ele faz à estética "purista" da Apple e à cultura que envolve as conferências do TED e a dissecação dos jargões do Vale do Silício que estão invadindo o linguajar político (a "2.0-ificação do discurso público"). Os textos de Morozov influenciaram a minha opinião a respeito de algumas dessas questões. Sobre *A nova era digital*, veja Evgeny Morozov, "Future Shlock", *New Republic*, 27 maio 2013, <archive.today/k3N7O>. Sobre a Apple, veja Evgeny Morozov, "Form and Fortune", *New Republic*, 22 fev. 2012, <archive.today/P2Vog>. Sobre o TED, veja Evgeny Morozov, "The Naked and the TED", *New Republic*, 2 ago. 2012, <archive.today/yTy2Q>. Sobre os jargões do Vale do Silício, veja Evgeny Morozov, "The Meme Hustler", *Baffler*, n. 22, 2013, <archive.today/fQhqW>.

2
A BANALIDADE DO "NÃO SEJA MAU"

Esta análise do livro A nova era digital *foi originalmente publicada no* New York Times *em 2 de junho de 2013, pouco antes de os primeiros documentos de Edward Snowden serem publicados no* Guardian *e no* Washington Post[1].

A nova era digital é um modelo surpreendentemente claro e provocativo para o imperialismo tecnocrata, escrito por dois de seus principais gurus, Eric Schmidt e Jared Cohen, que lançaram uma nova expressão idiomática para descrever o poder global dos Estados Unidos no século XXI. Essa nova expressão reflete a união cada vez mais estreita entre o Departamento de Estado dos Estados Unidos e o Vale do Silício, personificado pelo senhor Schmidt, presidente do conselho executivo do Google, e pelo senhor Cohen, que foi conselheiro de Condoleezza Rice e Hillary Clinton e hoje é o diretor do Google Ideas.

Os autores se conheceram na Bagdá ocupada, em 2009, quando o livro foi concebido. Percorrendo os escombros, os dois se empolgaram ao ver como aquela tecnologia de consumo estava transformando uma sociedade arrasada pela ocupação militar norte-americana. Decidiram que a indústria da tecnologia poderia ser um poderoso agente da política externa norte-americana[2].

O livro faz proselitismo do papel da tecnologia na remodelação de povos e nações do mundo à imagem e semelhança da superpotência dominante do planeta, independentemente de quererem ou não ser remodelados. A prosa é concisa, a argumentação, confiante, e a sabedoria, banal. Mas não se trata de um livro escrito para ser lido. Na verdade, ele é uma grande declaração destinada a promover alianças.

A nova era digital é, antes de mais nada, uma tentativa do Google de se posicionar como um visionário geopolítico dos Estados Unidos, a única empresa capaz de responder à pergunta "Para onde a América deveria ir?". Não é de surpreender que um elenco respeitável de famosos belicistas tenha se oferecido para dar seu selo de aprovação a esse verdadeiro chamariz para o poder *soft* dos países ocidentais. Os agradecimentos dão lugar de destaque a Henry Kissinger, que, ao lado de Tony Blair e Michael Hayden, ex-diretor da CIA, rasgam-se em elogios na quarta capa do livro[3].

Em *A nova era digital*, os senhores Schmidt e Cohen assumem alegremente o fardo do "nerd branco". O texto é cheio de figuras de pele escura convenientes e hipotéticas: pescadores congolenses, designers gráficos de Botsuana, ativistas anticorrupção de San Salvador e criadores de gado analfabetos do povo massai no Serengeti são todos obedientemente convocados para demonstrar as propriedades progressistas dos telefones do Google conectados à cadeia de fornecimento de informações do império ocidental.

Os autores oferecem uma versão habilmente banalizada do mundo de amanhã: preveem que, daqui a algumas décadas, as engenhocas devem ser muito parecidas com as que temos agora, só que mais descoladas. O "progresso" é impulsionado pela inexorável expansão da tecnologia de consumo norte-americana por todo o planeta. Atualmente, mais de um milhão de dispositivos móveis equipados com o sistema operacional do Google são ativados todos os dias[4]. O Google, e por extensão o governo dos Estados Unidos, vai se interpor nas comunicações de cada ser humano em todas as partes do mundo, menos na China (a malévola China). As *commodities* estão se tornando cada vez mais maravilhosas; jovens profissionais dormem, trabalham e fazem compras com mais facilidade e conforto nas cidades; a democracia é insidiosamente subvertida por tecnologias de vigilância e controle; e a nossa atual ordem mundial de intimidação, opressão e dominação sistematizada continua, sem ser mencionada, sem ser atormentada, sem ser nem um pouco incomodada.

Os autores são amargos com o triunfo egípcio de 2011. Eles desprezam a juventude egípcia, afirmando que "a mistura de ativismo e arrogância dos jovens é um fenômeno universal"[5]. Multidões digitalmente inspiradas levam a revoluções que serão "mais fáceis de começar", mas "mais difíceis de acabar"[6]. Por falta de líderes fortes, o resultado, como o senhor Kissinger diz aos autores, serão governos de coalizão que degringolarão em autocracias[7]. Eles dizem que "não haverá mais primaveras" (mas a China é uma provável candidata)[8].

Os autores fantasiam o futuro de grupos revolucionários com "recursos abundantes". A nova "safra de consultores" "utilizará os dados para desenvolver e aprimorar uma figura política"[9].

"Seus" discursos e textos (o futuro não será tão diferente assim) serão elaborados com a ajuda "de complexos pacotes de software integrado de extração de recursos e análise de tendências", enquanto "o mapeamento de sua função cerebral" e outros "diagnósticos sofisticados" serão utilizados para "avaliar os pontos fracos de seu repertório político"[10].

O livro reflete as obsessões e os tabus institucionais do Departamento de Estado norte-americano. Evita qualquer crítica profunda a Israel e à Arábia Saudita. Finge, de modo espantoso, que o movimento de soberania latino-americana, que libertou tantas pessoas das plutocracias e ditaduras apoiadas pelos Estados Unidos nos últimos trinta anos, jamais aconteceu. Referindo-se, ao contrário, aos "líderes envelhecidos" da região, o livro não consegue distinguir a América Latina de Cuba[11]. E, é claro, os autores demonstram teatralmente sua preocupação com os bichos-papões favoritos de Washington: a Coreia do Norte e o Irã[12].

O Google, que começou como uma manifestação da cultura estudantil independente da Califórnia – uma cultura decente, humana e lúdica –, quando se deparou com um mundo grande e mau, alinhou seu destino ao das forças tradicionais de Washington, desde o Departamento de Estado até a Agência de Segurança Nacional.

Apesar de representar uma parcela infinitesimal de mortes violentas em todo o mundo, o terrorismo é uma das bandeiras favoritas dos círculos políticos norte-americanos. Esse é um fetiche que não pode ser ignorado, e o livro dedica um capítulo inteiro ao "Futuro do terrorismo"[13]. Segundo os autores, o futuro do terrorismo é "o ciberterrorismo"[14]. E segue-se uma sessão de alarmismo complacente, inclusive com um cenário de espanto que parece tirado de um filme apocalíptico, no qual ciberterroristas assumem o comando dos sistemas de controle de tráfego aéreo dos Estados Unidos e fazem aviões colidirem com prédios, derrubam a rede de energia e lançam ogivas nucleares[15]. Em seguida, os autores picham os ativistas envolvidos em protestos pacíficos de ocupação digital[16].

Tenho uma opinião muito diferente. O avanço da tecnologia da informação simbolizada pelo Google prenuncia a morte da privacidade para a maioria das pessoas e aproxima o mundo do autoritarismo. Essa é a tese principal do meu livro *Cypherpunks*[17]. Contudo, ao mesmo tempo que os senhores Schmidt e Cohen nos dizem que a morte da privacidade ajudará os governos de "autocracias repressivas" a "mirar seus cidadãos", eles também nos dizem que os governos das democracias "abertas" verão a morte da privacidade como "uma dádiva" que lhes possibilitará "atender melhor aos interesses dos cidadãos e clientes"[18]. Na realidade, a erosão da privacidade individual nos países ocidentais e a centralização de poder que acompanha essa erosão fazem com que os abusos sejam inevitáveis e aproximam as "boas" sociedades das "más".

A seção sobre as "autocracias repressivas" descreve, em tom de desaprovação, várias medidas repressivas de vigilância: legislação para inserir falhas de segurança [*back doors*] em aplicativos com o objetivo de espionar os cidadãos, monitoramento das redes sociais e coleta de informações sobre populações inteiras[19]. Todas essas medidas já são amplamente utilizadas nos Estados Unidos. Na verdade, algumas – como a pressão para que cada perfil das redes sociais seja associado a um nome real – foram encabeçadas pelo próprio Google[20].

Não é difícil prever o que o futuro nos reserva, mas os autores se recusam a enxergar. Eles tomam de William Dobson a ideia de que os meios de comunicação, em uma autocracia, "permitem uma imprensa de oposição, desde que os opositores do regime saibam onde se encontram os limites tácitos"[21]. Essas tendências, contudo, estão começando a se manifestar nos Estados Unidos. Ninguém duvida do efeito desencorajador das investigações a que a Associated Press e James Rosen, da Fox, foram submetidos[22]. No entanto, não se tem dado atenção ao papel do Google no cumprimento da intimação de Rosen.

Tenho sentido essas tendências na pele.

O Departamento de Justiça admitiu em março de 2013 que estava no terceiro ano de uma investigação criminal contínua sobre o WikiLeaks. Segundo depoimentos em tribunais, os alvos eram "os fundadores, proprietários ou administradores do WikiLeaks"[23]. Uma suposta fonte, Bradley Manning, enfrentará um julgamento de doze semanas a partir de amanhã, com 24 testemunhas de acusação que darão depoimentos sigilosos[24].

A nova era digital é uma obra funestamente seminal, e nenhum dos autores parece ter a capacidade de enxergar, e muito menos de expressar, a titânica perversidade centralizadora que estão construindo. "O que a Lockheed Martin foi para o século XX", declaram, "as empresas de tecnologia e cibersegurança serão para o século XXI"[25].

Sem nem ao menos entender como, eles atualizaram e discretamente implantaram a profecia de George Orwell. Se você quiser uma visão do futuro, basta imaginar o Google Glasses – que é financiado por Washington – em rostos humanos inexpressivos... para sempre. Nem os fanáticos do culto à tecnologia de consumo se sentirão inspirados por essa visão... não que pareçam precisar disso. No entanto, o livro é uma leitura essencial para qualquer pessoa engajada na luta pelo futuro, em razão de um imperativo muito simples: conhece teu inimigo.

Notas

[1] Julian Assange, "The Banality of 'Don't Be Evil'", *The New York Times*, 2 jun. 2013, <archive.today/kxMZM>.
[2] Eric Schmidt e Jared Cohen, *The New Digital Age*, cit., p. 8-11.
[3] Esses elogios estão disponíveis no site do Conselho de Relações Exteriores, no qual o livro *A nova era digital* ganhou uma página própria. Disponível em: <archive.today/rQtyh>.
[4] Donald Melanson, "Eric Schmidt: Google Now at 1.5 Million Android Activations per Day", *Engadget*, 16 abr. 2013, <archive.today/wJh4i>.
[5] Eric Schmidt e Jared Cohen, *The New Digital Age*, cit., p. 122.
[6] Ibidem, p. 122 e 128.
[7] Ibidem, p. 149.
[8] Ibidem, p. 144.
[9] Ibidem, p. 133.
[10] Idem.

[11] Ibidem, p. 144.
[12] Idem, o livro todo (por exemplo, p. 166, 96-7 etc.).
[13] Ibidem, p. 151.
[14] Ibidem, p. 152 e 162.
[15] Ibidem, p. 155.
[16] Ibidem, p. 162.
[17] Julian Assange, Jacob Appelbaum, Andy Müller-Maguhn e Jérémie Zimmermann, *Cypherpunks: Freedom and the Future of the Internet* (Nova York, OR Books, 2012) [ed. bras.: *Cypherpunks: liberdade e o futuro da internet*, São Paulo, Boitempo, 2013].
[18] Eric Schmidt e Jared Cohen, *The New Digital Age*, cit., p. 57-64.
[19] Ibidem, p. 59-63.
[20] A "Política do Nome Real" do Google considerava uma violação dos termos de serviço utilizar um serviço do Google com qualquer nome que não seja o nome completo do usuário e foi originalmente instituída em 2011. Eric Schmidt endossou pessoalmente a política. Veja Matt Rosoff, "Google+ Isn't Just a Social Network, It's an 'Identity Service'", *Business Insider*, 28 ago. 2011, <archive.today/G5iRE>. Essa política provocou de imediato o que ficou conhecido como os "*Nymwars*", uma longa controvérsia entre comentaristas, blogueiros e usuários de redes sociais sobre a importância do anonimato na internet. Veja Jillian York, "A Case for Pseudonyms", *Electronic Frontier Foundation*, 29 jul. 2011, <archive.today/LhInw>. Veja também Eva Galperin, "2011 in Review: Nymwars", *Electronic Frontier Foundation*, 26 dez. 2011, <archive.today/bEYJd>.
[21] As palavras são de Schmidt e Cohen, *The New Digital Age*, cit., p. 75. Eles parafraseiam William Dobson, *The Dictator's Learning Curve: Inside the Global Battle for Democracy* (Nova York, Doubleday, 2012) [ed. bras.: *Escola dos ditadores: dentro da luta global pela democracia*, São Paulo, Edipro, 2014].
[22] No início de maio de 2013, soube-se que o Departamento de Justiça dos Estados Unidos, durante uma investigação das fontes de uma história envolvendo a segurança nacional, intimou secretamente a empresa de telecomunicações Verizon a fornecer os registros telefônicos de dois meses de vinte repórteres da Associated Press. A manobra foi amplamente condenada como um ataque à liberdade de imprensa. Veja Mark Sherman, "US Government Secretly Obtained Associated Press Phone Records", *Associated Press*, 13 maio 2013, <archive.today/vyuNP>. Mais ou menos na mesma época, o *Washington Post* revelou que, no decorrer de mais uma investigação criminal realizada pelo Departamento de Justiça sobre uma fonte, o FBI reuniu um enorme volume de dados de vigilância sobre James Rosen, repórter da Fox News. Posteriormente, documentos provenientes da acusação de espionagem contra Stephen Jin-Woo Kim, acusado de ser uma fonte de informações para o governo, revelaram que o Departamento de Justiça classificou Rosen, um repórter, como um "coconspirador não indiciado" e considerou que ele tinha "risco de fuga", o que implicava que o exercício básico do jornalismo é uma atividade criminosa. Veja Ann E. Marimow, "A Rare Peek into a Justice Department Leak Probe", *Washington Post*, 20 maio 2013, <archive.today/LkTLR>. Veja também "Justice Department Affidavit Labels Fox News Journalist as Possible 'Co-Conspirator'", *Fox News*, 20 maio 2013, <archive.today/HBsA4>.
[23] A referência aos "fundadores, proprietários ou administradores" do WikiLeaks foi retirada do depoimento do agente especial Mark Mander, da Unidade de Investigação de Crimes Informáticos do Exército dos Estados Unidos, nas audiências pré-julgamento do processo de acusação de Chelsea Manning.
[24] Essa análise foi publicada na imprensa na véspera do julgamento de Manning Chelsea, depois de 1.103 dias de confinamento pré-julgamento. Na época, Chelsea Manning era conhecida pelo nome de Bradley. Veja Chelsea E. Manning, "Chelsea Manning Announces Gender Transition –

Full Statement", *The Guardian*, 22 ago. 2013, <archive.today/eMCdr>. Desde então, Chelsea Manning foi condenada e sentenciada a 35 anos de prisão. Para saber mais sobre a perseguição contra Chelsea Manning, veja o capítulo 5.

[25] Eric Schmidt e Jared Cohen, *The New Digital Age*, cit., p. 98.

Ilustração de David Parkins, "Apple-achia, Amazon-ia, Fortress Facebook and Google Earth", *The Economist*, 7 dez. 2012.

3
ELLINGHAM HALL, 23 DE JUNHO DE 2011

Julian Assange (JA) é editor-chefe e fundador do WikiLeaks.

Eric Schmidt (ES) é presidente do Conselho Executivo do Google, coautor de *A nova era digital*, membro do Conselho de Assessores para a Ciência e Tecnologia, sob o governo de Barack Obama, e membro do Conselho de Relações Exteriores[1].

Jared Cohen (JC) é diretor do Google Ideas, coautor de *A nova era digital*, ex-membro da Equipe de Planejamento de Políticas do Departamento de Estado norte-americano e ex-conselheiro de Condoleezza Rice e Hillary Clinton, membro do Conselho Consultivo do Centro Nacional de Contraterrorismo, pesquisador adjunto do Conselho de Relações Exteriores e cofundador da movements.org[2].

Lisa Shields (LS) é vice-presidente de Comunicações Globais e Relações com a Mídia do Conselho de Relações Exteriores; foi produtora de TV dos programas *Good Morning America* e *Primetime Live*[3].

Scott Malcomson (SM) é diretor de Comunicações do International Crisis Group e editor de *A nova era digital* e foi diretor de redação dos discursos da embaixadora Susan Rice de 2011 a 2012, no Departamento de Estado norte-americano; é membro vitalício do Conselho de Relações Exteriores[4].

A conversa a seguir foi gravada na casa de Vaughan Smith, em Norfolk, na Inglaterra, onde morei em 2011 em regime de prisão domiciliar. Fui obrigado a usar uma tornozeleira eletrônica como condição para sair provisoriamente da prisão. Três antenas de retransmissão foram instaladas na casa para informar meus movimentos ao governo britânico.

O encontro começou na cozinha, durante o almoço, continuou por algum tempo na sala de estar e terminou com uma caminhada que foi interrompida pela aproximação de uma tempestade.

Algumas contribuições minhas foram ligeiramente editadas por motivo de concisão e facilidade de leitura, mas nada substancial foi alterado. Eu não poderia editar as palavras dos outros sem o envolvimento deles (afinal, eu não queria deturpar o que eles disseram). Houve um número muito pequeno de alterações na sequência da conversa para melhorar o fluxo da leitura.

O áudio de três horas da conversa pode ser ouvido na íntegra no site do WikiLeaks para confirmar a integridade da transcrição[5].

Dos que veem aos que agem
[*Início da gravação*]
Eric Schmidt: Você quer que a gente comece comendo?

Julian Assange: Podemos comer enquanto conversamos.

ES: Sim, pode ser?

JA: Então, hoje é 23 de junho. Esta é a gravação de uma conversa entre Julian Assange, Eric Schmidt e...

Lisa Shields: Lisa Shields.

JA: Lisa Shields. Ela será utilizada num livro escrito por Eric Schmidt que deve ser publicado pela Knopf em outubro de 2012[6]. Recebi a garantia de que verei a transcrição e poderei fazer ajustes para uma maior precisão e clareza[7].

ES: Estamos de acordo.

LS: Estamos de acordo.

ES: Podemos começar? Eu queria falar um pouco sobre o Thor. Certo. O tipo de... toda a rede da Marinha...

JA: Thor ou Tor?

ES: É, na verdade eu quis dizer Tor[8].

JA: E o Odin também[9].

ES: Certo, certo. O Tor e a rede da Marinha. Não sei muito bem como aquilo tudo funcionava. E estou mencionando isso porque me interessa saber o que aconteceu com a tecnologia à medida que ela foi evoluindo. Então, eu diria que o problema é que, se você está tentando receber dados, você precisa ter uma garantia de anonimato para o remetente, precisa ter um canal seguro com o destinatário, o destinatário precisa ser replicado... O que eu quero de você, se for possível, é que você fale um pouco sobre essa arquitetura, o que você fez no WikiLeaks, tecnicamente, com as inovações técnicas necessárias, e talvez também um pouco sobre o que acontece[10]. Como isso evolui? A tecnologia está sempre evoluindo.

JA: Primeiro eu quero contextualizar as coisas. Eu notei algo que estava acontecendo no mundo e vi o que para mim eram atos injustos. E eu queria mais atos justos e menos atos injustos. E alguém pode perguntar: "Quais são os seus axiomas filosóficos?". E eu diria: "Não preciso de axiomas. Esse é o meu jeito, é a minha personalidade. E é um axioma porque é assim que acontece". Isso evita entrar em outra discussão filosófica inútil sobre por que eu quero fazer alguma coisa. Eu faço, e isso já é justificativa suficiente.

Pensando como os atos injustos são causados, o que tende a promover esses atos injustos e o que promove atos justos, vi que os seres humanos são basicamente invariáveis. Quero dizer, as inclinações e o temperamento biológico dos seres humanos ficaram milhares de anos sem mudar muito. Então, o único campo de atuação que sobra é: o que eles têm e o que eles sabem? O que eles têm – quais recursos eles têm à disposição, quanta energia eles podem mobilizar, quais fontes de alimento eles têm e por aí vai – é muito difícil de influenciar. Mas o que eles sabem pode ser afetado de um jeito não linear, porque, quando uma pessoa transmite informações a outra, elas podem transmitir essa informação a outra e a outra, de um jeito não linear[11]. Então você consegue afetar muitas pessoas com uma pequena quantidade de informações. Dá para mudar o comportamento de muitas pessoas com uma pequena quantidade de informações. Resta saber: que tipo de informação vai levar a um comportamento que é justo e vai desestimular um comportamento que é injusto?

Pessoas do mundo inteiro veem partes diferentes do que acontece com elas em âmbito local. E outras pessoas recebem informações que elas não viram com os seus próprios olhos. No meio, existem outras pessoas que estão empenhadas em levar as informações dos observadores para as pessoas que farão alguma coisa com a informação. São três problemas separados, amarrados juntos.

Vi que existia uma dificuldade para pegar as observações e colocá-las, de um jeito eficiente, num sistema de distribuição que pudesse levá-las às pessoas que poderiam fazer alguma coisa com elas. Você pode argumentar que empresas como o Google, por exemplo, estão envolvidas nesse negócio "intermediário" de passar informações das pessoas que têm informações para as pessoas que querem essas informações. O problema que eu vi foi que esse primeiro passo era defeituoso e, muitas vezes, o último também, quando veio a informação de que os governos estavam tendendo a censurar.

Dá para ver esse processo todo como uma justiça produzida pelo Quarto Poder[12]. Essa descrição, que vem em parte da minha experiência com a mecânica quântica, vê o fluxo de determinados tipos de informações que vão levar a algumas mudanças no final. Notei que o gargalo maior estava na aquisição de informações que entrariam no fluxo para produzir mudanças que eram justas. No contexto do Quarto Poder, as pessoas que adquirem informações são as fontes; as pessoas que trabalham com informações e distribuem informações são os jornalistas e os editores; e as pessoas que podem fazer alguma coisa a respeito incluem todo mundo. Esse é um construto de alto nível, mas depois se resume em como conceber, na prática, um sistema que resolva esse problema, não só um sistema técnico, mas um sistema completo. O WikiLeaks era, e é, uma tentativa, apesar de ainda muito incipiente, de criar um sistema completo.

No lado técnico, nosso primeiro protótipo foi projetado levando em conta uma situação muito adversa, em que a publicação seria extremamente difícil e nossa única defesa eficaz seria o anonimato, em que seria difícil encontrar fontes (como ainda acontece no setor da segurança nacional) e trabalharíamos internamente com uma equipe muito pequena e de total confiança.

ES: Então, "publicação", nesse contexto, significa a questão do site em si e a divulgação do material ao público?

JA: Exato, a divulgação do material primário ao público. É o que eu quero dizer com "publicação".

ES: Então, o primeiro passo foi fazer isso direito?

JA: Estava claro para mim que, no mundo inteiro, a publicação é um problema. Pode ser um problema de autocensura ou de censura ostensiva.

ES: Desculpe, isso acontece por causa do medo de represálias dos governos? Ou por outra coisa?

JA: Principalmente por causa da autocensura. Na verdade, eu diria que talvez a maior forma de censura, de uma perspectiva histórica, seja a censura econômica, quando simplesmente não é rentável publicar alguma coisa porque não existe mercado para isso. Eu vejo a censura como uma pirâmide. No topo da pirâmide estão os assassinatos de jornalistas e editores. No nível seguinte, os ataques jurídicos contra jornalistas e editores. Os ataques jurídicos são simplesmente o uso postergado da força coercitiva, que não leva necessariamente ao assassinato, mas pode resultar em prisão ou apreensão de bens. Imagine que o volume da pirâmide vai aumentando bastante à medida que você vai descendo e, nesse exemplo, isso significa que o número de atos de censura também aumenta à medida que você desce a pirâmide.

Poucas pessoas são assassinadas, há alguns ataques jurídicos contra pessoas físicas e jurídicas e, no nível seguinte, há um volume muito grande de autocensura. Essa autocensura acontece, em parte, porque as pessoas não querem subir a pirâmide, não querem ser vítimas de ataques jurídicos e da força coercitiva, não querem ser assassinadas. Isso desestimula a se comportarem de um certo jeito. Depois, há outras formas de autocensura que são motivadas pela possibilidade de perder negócios, de não ser promovido no trabalho. Essas formas de autocensura fazem muita diferença, porque ficam na parte mais baixa da pirâmide. A base da pirâmide – que tem o maior volume – são todas aquelas pessoas que não sabem ler, que não têm acesso à mídia impressa, que não têm acesso às comunicações rápidas ou moram em lugares que não têm uma indústria da informação lucrativa[13].

Nós decidimos atacar as duas partes mais altas dessa pirâmide da censura: ameaças de violência e ameaças postergadas de violência, que são representadas pelo sistema judicial. Em alguns aspectos, esses são os casos mais difíceis; em outros, são os mais fáceis. São os casos mais fáceis porque fica claro quando as coisas estão ou não sendo censuradas. E também são os casos mais fáceis porque o volume de censura é relativamente pequeno, mesmo quando a importância de cada evento é muito alta.

No começo, o WikiLeaks não tinha muitos amigos. É claro que eu tinha alguns contatos políticos das minhas outras atividades, mas não tínhamos aliados políticos de porte nem uma audiência global querendo saber o que estávamos fazendo. Então decidimos que precisávamos de um sistema de publicação em que o único respaldo seria o anonimato. Ele não teria nenhum respaldo financeiro; não teria nenhum respaldo legal; e não teria nenhum respaldo político. O respaldo seria puramente técnico.

Isso significava um sistema que era distribuído no *front end*[14], com vários nomes de domínio e capacidade de mudá-los rapidamente[15], um sistema de *cache*[16] e, no *back end*, um sistema de *tunneling* através da rede Tor para servidores ocultos[17].

ES: Posso interromper para fazer um comentário? Isso quer dizer que vocês conseguem alterar muito rápido o DNS, o nome dos seus sites e outros detalhes[18]. Vocês usam o *tunneling* para se comunicar entre essas réplicas? Ou para distribuição?

JA: Tínhamos *sacrificial front nodes*[19] que podiam ser configurados muito rápido e que, mesmo assim, eram instalados em jurisdições relativamente amigáveis, como a Suécia[20].

Esses *front nodes* eram rápidos, porque o número de saltos entre eles e de pessoas lendo era muito baixo[21]. Foi uma lição importante que aprendi com as coisas que fiz antes. Nem sempre é vantajoso ser um tanque Sherman, porque você acaba sendo lento e difícil de manobrar. Boa parte da proteção de quem divulga informações vem da capacidade de publicar rápido. Se você for rápido na divulgação das informações e a informação se espalhar rapidamente, o incentivo para as pessoas virem atrás de você por causa dessa informação específica é quase nulo. Elas podem ter outros incentivos mais amplos para vir atrás de você, para fazer você servir de bode expiatório por contestar a autoridade delas, ou dar uma lição na sua organização para aprender a não contestar a autoridade delas no futuro.

ES: Então, só repetindo para construir o argumento, você estava preocupado que os governos ou sabe-se lá quem atacassem os *front ends* dessa coisa por meio de ataques de negação de serviço[22] ou algum tipo de bloqueio, e basicamente usaram filtros[23], que é o que comumente se faz. Então, um aspecto importante era estar sempre disponível.

JA: Estar sempre disponível de um jeito ou de outro. Essa foi uma batalha que conseguimos vencer em grande parte, mas não totalmente. Em poucas semanas, estávamos na lista de proibidos do governo chinês. Mas tínhamos centenas de nomes de domínio, de vários tipos, cadastrados em provedores de DNS muito, muito grandes, então qualquer filtragem de DNS no nível do IP[24] derrubaria outros 500 mil domínios junto com o nosso, e isso geraria uma reação política negativa que os faria parar. Mas a filtragem em DNS afeta a gente na China porque os nomes mais comuns, os mais parecidos com "WikiLeaks", são todos filtrados pelo governo chinês.

ES: Dá para imaginar.

JA: Qualquer domínio com a palavra "WikiLeaks", em qualquer lugar, é filtrado. Então nós precisamos de uma variante que ainda não tenha sido descoberta por eles. Mas a variante precisa ser suficientemente conhecida para as pessoas saberem como encontrá-la. E aí damos de cara com um beco sem saída.

ES: É um problema estrutural, esse da nomeação na internet, mas os chineses poderiam simplesmente fazer uma filtragem de conteúdo[25].

JA: Bom, o HTTPS funcionou por mais ou menos ano e meio[26].

ES: Entendi.

[Ruído de fundo, Jared Cohen e Scott Malcomson entram.]

JA: Deu muito certo, na verdade. E, depois, também deu certo mudar os IPs[27]. O sistema de filtragem chinês é bem barroco. Eles estão melhorando. Às vezes eles fazem as coisas manualmente, às vezes usam um sistema automatizado, incluindo IPs na lista com base nos nomes de domínio. Travamos uma batalha bem interessante... Vimos que eles estavam analisando os nossos IPs e que as solicitações vinham de um determinado bloco de endereços IP da China[28]. Sempre que víamos isso, nós retornávamos só IPs diferentes[29].

ES: Hahahahaha. Muito esperto. Hahahahaha.

JA: Eu pensei: "Vamos retornar só IPs do Ministério da Segurança Pública!".[30]

ES: Essa é boa. A propósito, este aqui é o Jared Cohen.

Jared Cohen: Oi, me desculpe a demora. O voo atrasou.

JA: Prazer.

ES: Era da United?

JC: Há, Delta! Nunca mais!

ES: É, a Delta é assim.

JA: Larry?

JC: Jared.

JA: Jared! Jared.

ES: E este aqui é o Scott.

Scott Malcomson: Prazer!

ES: O Scott é o nosso editor.

SM: Desculpe, estamos uma hora e meia atrasados.

JA: Tudo bem! Está um belo dia para passear de carro!

ES: Na verdade, estamos nos divertindo bastante.

SM: Com certeza. Com certeza. Com certeza.

LS: Julian foi muito legal, porque não trouxemos gravador!

ES: Hahahahaha.

LS: Que vergonha, pedir para entrevistar a pessoa e ter de emprestar um gravador dela!

JA: Um amigo cavou uma entrevista nas ilhas Fiji, durante o golpe de Estado do general Rabuka, e o braço direito dele admitiu, na gravação, que foi pago pela CIA[31].

ES: Uau.

JA: Ele voltou todo empolgado. É a história da década! Mas o gravador tinha falhado. Agora eu tenho um monte de gravadores. A gente tem sempre de levar mais de um!

[*Risos*]

ES: Ter sempre, sempre um gravador próprio.

ES: Bom, o Scott e o Jared não precisam se preocupar, porque ficamos meio que só batendo papo sobre o Google e o que eu ando fazendo. Eu apresentei a Lisa. Acho que não consegui explicar direito o livro magnífico que estamos escrevendo. E a Lisa me ajudou. Parece que o Julian não se incomodou com a ajuda dela. Concordamos em conversar sobre os rumos da tecnologia e talvez as implicações de tudo isso. E concordamos que a gravação seria usada no livro. Vamos mandar uma transcrição para ele, e ele vai poder alterar, ampliar e deixar o texto mais claro. Achei tudo muito razoável.

Acabamos de começar. Conversamos um pouco sobre os princípios gerais articulados por ele, e eu estava começando a falar um pouco sobre a estrutura... por que a arquitetura do WikiLeaks foi projetada do jeito que foi. E, fazendo um resumo geral, o que levou o Julian a bolar essa arquitetura foi que, se você olha os governos, se sabe o que eles fazem, assassinar e prender jornalistas, e esse tipo de coisa, ele acha que o melhor jeito de contornar esse problema é fazendo um sistema muito, muito difícil de bloquear. Então a explicação não técnica para o que ele fez é que ele construiu um sistema que, quando são tomadas medidas óbvias de bloqueio, pode simplesmente aparecer de outro jeito. Mudar de nome e ter réplicas.

A importância da nomeação

JA: A questão de dar nome às coisas é importantíssima. Atribuir um nome ao trabalho intelectual humano e a todo o nosso registro intelectual talvez seja a coisa mais importante. Todos nós temos palavras para diferentes objetos, como "tomate". Usamos uma palavra simples, "tomate", em vez de descrever cada pequeno aspecto do maldito tomate[32].

Como leva muito tempo descrever com precisão o tomate, usamos uma abstração para poder pensar e falar sobre ele. E é isso que fazemos quando usamos URLs[33]. Os URLs costumam ser usados como uma abreviatura para nos referir a algum conteúdo intelectual humano. Nós construímos toda a nossa civilização com tijolos e conteúdo intelectual humano. Hoje, temos um sistema com URLs em que a estrutura sobre a qual estamos construindo a nossa civilização é o pior tipo de massinha de modelar que você possa imaginar. Isso é um grande problema.

ES: E você diria que uma estrutura diferente de espaço de nomes* deveria ser criada para permitir um melhor...

JA: Acho que tem uma confusão fundamental aí, uma sobrecarga da ideia atual de URL.

ES: É. É isso mesmo.

JA: De um lado, você tem serviços dinâmicos e organizações que executam esses serviços – quer dizer, existe uma hierarquia, um sistema de controle, seja uma

---

* "Um espaço de nomes ("*namespace*", em inglês) é um delimitador abstrato que fornece um contexto para os itens que ele armazena (nomes, termos técnicos, conceitos...). Isso permite uma desambiguação para itens que possuem o mesmo nome, mas residem em espaços de nomes diferentes" (fonte: Wikipedia). (N. T.)

organização, um governo ou algum grupo de controle. E, de outro lado, você tem artefatos intelectuais humanos que podem ser completamente independentes de qualquer sistema de controle humano. Eles estão por aí, no âmbito do platônico[34]. Eles deveriam ser nomeados de uma maneira que fosse intrínseca ao seu conteúdo intelectual e não de uma maneira dependente de uma organização. Acho que esse é um caminho inevitável e importantíssimo.

Percebi que isso era um problema vendo o caso de um homem chamado Nadhmi Auchi[35]. Alguns anos atrás, ele entrou no ranking de uma revista de negócios importante como o quinto homem mais rico do Reino Unido. Ele era iraquiano, trabalhava para o Ministério do Petróleo do Iraque e enriqueceu antes de se mudar para a Grã-Bretanha, no começo dos anos 1980. Segundo a imprensa italiana, ele estava envolvido com o comércio de armas. Ele tem mais de cem empresas administradas por uma *holding* em Luxemburgo, além de várias outras empresas que descobrimos no nome da esposa dele, no Panamá. Ele se integrou tanto no *establishment* do Partido Trabalhista britânico que, na festa do vigésimo aniversário da empresa dele em Londres, ele ganhou uma pintura assinada por 130 ministros e membros do Parlamento, inclusive o primeiro-ministro na época, Tony Blair.

Nadhmi Auchi ajudou a bancar Tony Rezko*, que por sua vez levantou fundos para Rod Blagojevich, de Chicago, ex-governador de Illinois. Tanto Rezko quanto Blagojevich foram condenados por corrupção. Tony Rezko também foi o intermediário que ajudou Barack Obama a comprar parte da casa dele.

Tudo isso são detalhes, mas levam a uma importante conclusão. Nas primárias presidenciais de 2008, como era de se esperar, grande parte da atenção da imprensa norte-americana se voltou para Barack Obama. Eles começaram a investigar eventos ligados a Obama para levantar fundos, descobriram Tony Rezko e voltaram sua atenção para Nadhmi Auchi. Em vista disso, Auchi contratou o Carter-Ruck, um famoso escritório de advocacia londrino especializado em difamação, cujo fundador, Peter Carter-Ruck, é descrito como o homem que fez pela liberdade de expressão o que o Estrangulador de Boston fez pelos vendedores porta a porta[36]. Ele começou a escrever para todos os jornais de Londres que tinham registros de sua extradição para a França em 2003 e de sua condenação por fraude no escândalo da Elf Aquitaine, quando ele recebeu propina pela venda de refinarias de petróleo do Kuwait na época em que o Kuwait estava sob a ocupação do Iraque, antes da primeira Guerra do Golfo[37].

Por causa disso, o *Guardian* tirou do ar seis artigos de 2003 sem dizer nada. Os artigos tinham passado cinco anos nos arquivos do *Guardian*. Se você procurar esses URLs, não vai ver a mensagem "removido devido a ameaças legais", mas

---

* Empresário norte-americano, condenado por fraude e suborno em 2008. (N. T.)

só uma mensagem de "página não encontrada". Isso também aconteceu com um artigo do *Telegraph*, vários outros textos de blogueiros e publicações norte-americanas e assim por diante. Partes importantes da história recente, relevantes para uma campanha presidencial em curso nos Estados Unidos, foram apagadas dos registros intelectuais[38]. O material também foi retirado do índice de artigos do *Guardian*. Então, mesmo que o *Guardian* seja publicado em versão impressa, e mesmo que você possa ir a uma biblioteca procurar esses artigos, como você vai saber que eles existem, se eles não estão no índice do *Guardian*? Eles não só deixaram de existir, como nunca existiram. É a aplicação moderna da máxima de Orwell: "Quem controla o passado controla o futuro; quem controla o presente controla o passado", porque todos os registros do passado são armazenados fisicamente no presente[39].

Essa questão da preservação de um conteúdo intelectual politicamente relevante que está sob ataque é uma parte importante do que o WikiLeaks faz, porque é exatamente o tipo de coisa que procuramos. Procuramos esses *bits*[40] que as pessoas estão tentando suprimir porque suspeitamos, normalmente com razão, que elas investem tanto trabalho econômico na supressão desses *bits* porque sabem que eles vão levar a uma mudança.

SM: Então vocês procuram evidências de supressão para decidir o valor da informação?

JA: Sim... não exatamente, mas é um bom...

SM: Como seria, exatamente?

JA: Bom, nem sempre é correto. Mas é muito sugestivo...

SM: Não é perfeito!

JA: Não é perfeito, mas é um indício bastante sugestivo de que as pessoas que mais conhecem a informação – ou seja, as pessoas que a escreveram – estão investindo trabalho econômico para impedir que essa informação entre nos registros históricos e chegue ao público. Para que se dar a tanto trabalho? Seria mais eficiente simplesmente deixar todo mundo ter acesso à informação. Você não gasta tempo controlando a informação e isso acaba sendo mais eficiente em termos de organização, considerando todas as consequências positivas não intencionais de uma informação circulando livremente. Por isso, nós vamos seletivamente atrás desse tipo de informação, e essa informação é seletivamente suprimida dentro das organizações... com bastante frequência, se for um grupo poderoso. Assim que alguém tenta divulgar a informação, há tentativas de supressão após a publicação.

ES: Eu queira saber um pouco mais sobre a tecnologia. Nessa estrutura, vocês conseguem, bem rápido, botar no ar um novo *front* e armazenam réplicas que são distribuídas. Uma das dúvidas que eu tenho é como vocês escolhem os ISPs[41]?

JA: Boa pergunta.

ES: É, essa é uma pergunta complicada.

JA: Vou dar um exemplo de como não escolher um ISP. Estávamos trabalhando num caso nas ilhas Turcas e Caicos. Tinha um pessoalzinho muito legal lá, do *TCI Journal* (*Turks and Caicos Islands Journal*)[42]. Eles são um grupo de reformistas políticos, um pessoal voltado para a ecologia que mora lá e percebeu que construtoras estrangeiras estavam chegando e conseguindo comprar terras da Coroa por um preço muito baixo, construindo arranha-céus e assim por diante[43]. Eles estavam fazendo campanhas a favor da boa governança e tentando denunciar essa gente.

É um caso clássico do melhor uso da internet: os baixos custos da publicação levam a um número muito maior de editores de informação, inclusive editores que se bancam sozinhos. As pessoas podem publicar informações por razões puramente ideológicas ou por razões altruístas, porque os custos do altruísmo em relação à divulgação não são tão altos a ponto de serem impeditivos.

Não demorou muito para eles serem expulsos das ilhas Turcas e Caicos. Eles transferiram seus servidores para a Índia. Então, a construtora que eles estavam tentando denunciar contratou advogados em Londres, que contrataram advogados na Índia, que forçaram o ISP a expulsá-los. Eles se mudaram para a Malásia e aconteceu a mesma coisa, eles também foram expulsos do ISP de lá. Eles deixavam de ser lucrativos para o ISP assim que as notificações começavam a chegar. Eles foram para os Estados Unidos e o ISP norte-americano não se abalou. Eles tinham escolhido um ISP um pouco melhor. Por causa das ameaças, os editores eram anônimos, apesar de os colunistas muitas vezes não serem, mas os responsáveis pela publicação em si eram anônimos. Mas a construtora percebeu que eles usavam um endereço do Gmail e entraram com uma ação judicial na Califórnia e começaram a mandar intimações, inclusive para o Gmail. O que aconteceu foi que o Google disse ao *TCI Journal* que eles tinham de ir à Califórnia para se defender ou o Google entregaria todas as informações.

Estamos falando de peixes pequenos das ilhas Turcas e Caicos, que estavam tentando impedir a corrupção no país, contra uma construtora com recursos enormes. Como eles teriam condições de ir à Califórnia para se defender de uma intimação que era parte de um falso processo de difamação? Eles não tinham condições, é claro. Nós arranjamos uns advogados para eles, e acontece que grande parte da lei da Califórnia aborda justamente essa situação, que é quando alguém publica alguma coisa e você consegue uma intimação judicial para tentar revelar a identidade dessa pessoa. Você não pode fazer isso legalmente e é obrigado a arcar com os custos. Foi um ganchinho legal bem bacana que alguém colocou lá. O Google não mandou nenhum advogado para ajudar.

Esse é um exemplo do que acontece quando pessoas brilhantes – eles tinham um bom técnico indiano e caras que sacavam muito de política – se juntam para tentar impedir a corrupção no país usando a internet como mecanismo de publicação. O que acontece? Eles são chutados de um canto do mundo para o outro! Por sorte esses caras tinham recursos suficientes para sobreviver à perseguição, acabaram encontrando gente amiga e hoje estão bem.

Para nós foi uma questão de encontrar ISPs que resistiriam à pressão. Como eu tinha passado um bom tempo trabalhando com política, tecnologia e anticensura, eu conhecia alguns *players*. Nós já tínhamos nos infiltrado ideologicamente em alguns ISPs, onde tínhamos amigos. Sabíamos que eles ficariam do nosso lado se recebessem uma intimação, e sabíamos que tínhamos uma boa chance de ficar sabendo logo, se eles recebessem uma intimação judicial ou até uma ordem de silêncio*. Será que alguém que não faz parte desse mundo conseguiria fazer isso? Não seria fácil. Você pode procurar os ISPs que o WikiLeaks usa hoje ou que o Pirate Bay usou, ou outros grupos que estão sob ataque feroz[44]. Em geral são ISPs pequenos. Tem um ISP pequenininho chamado PRQ na Suécia fundado pelo Gottfrid, cujo pseudônimo é anakata. Ele é um dos cérebros por trás do Pirate Bay[45]. Eles criaram uma indústria de nicho, junto com a Bahnhof, um ISP maior da Suécia, para atender os editores refugiados. Esse é o termo correto para se referir a essas pessoas: "editores refugiados"[46].

A PRQ atendia, além do WikiLeaks, a American Homeowners Association, que teve de fugir das construtoras dos Estados Unidos; o Kavkaz Center, um centro de notícias do Cáucaso que sofre ataques constantes dos russos (na verdade, a PRQ foi atacada de surpresa várias vezes pelo governo sueco, pressionado pelo governo russo); o Rick A. Ross Institute for the Study of Destructive Cults [Instituto Rick A. Ross para o Estudo de Seitas Destrutivas], uma organização norte-americana que

---

* "Ordem de silêncio" (em inglês, "*gag order*") é uma ordem judicial que restringe a divulgação de informações ou comentários ao público ou, em alguns casos, a terceiros não autorizados. Nesse caso, o ISP poderia receber uma ordem de silêncio que o impedisse de notificar o WikiLeaks de um eventual mandado para forçar o ISP a revelar informações sobre ele. (N. T.)

foi forçada a fugir em consequência de um processo movido pela America by Scientology [América pela Cientologia][47].

Outro exemplo é o *Malaysia Today*, dirigido por um cara maravilhoso chamado Raja Petra. Tem dois mandados de prisão contra ele na Malásia. Ele fugiu para Londres, mas seus servidores não têm como sobreviver em Londres; eles ficam em Cingapura e nos Estados Unidos[48].

ES: Mas [*incompreensível*] tem muitos outros sites que estão nisso.

JA: É, nós temos mais ou menos 1.400; temos alguns espelhos voluntários[49].

ES: Então são basicamente pessoas que aceitam fazer o espelho do site?

JA: Elas decidem os riscos que querem correr. Não sabemos nada sobre elas. Não temos nenhuma garantia de que todas são confiáveis, mas é bem verdade que elas ajudam a multiplicar o site.

ES: Você foi citado na imprensa dizendo que tem um acervo de informações muito maior criptografado e distribuído. As informações são distribuídas em lugares como esse?

JA: Não, nós distribuímos abertamente *backups* criptografados de materiais que consideramos muito confidenciais e que devem ser divulgados no próximo ano[50].

ES: Entendi.

JA: Nós não temos, como dizem algumas pessoas, um "dispositivo termonuclear" para usar contra os nossos adversários. Mas as chances são mínimas de esse material ser removido do registro histórico, mesmo se formos completamente destruídos.

ES: E um dia vocês vão revelar a chave para decriptar o material?

JA: Não. Teoricamente, nunca vamos revelar a chave.

ES: Entendi.

JA: Porque o material ainda precisa ser preparado, alguns dados precisam ser removidos para proteger a identidade das fontes, coisas assim.

ES: Sem dúvida.

JA: Achamos que o material é tão importante que, mesmo se for publicado do jeito que está, sem remover esse tipo de dado, os benefícios ainda seriam maiores do que os danos. Mas, preparando o material para a divulgação, podemos reduzir ainda mais os danos.

ES: E eu entendo por quê. Mais uma pergunta técnica sobre o *front end*... Acho que dá para dizer, bem resumidamente, que ferramentas cada vez melhores vão ser desenvolvidas para um remetente anônimo enviar uma mensagem para um destinatário não confiável e então esse [*ruído*] anônimo que você está descrevendo. Vai chegar um ponto em que um número muito grande de pessoas vai usar serviços como esse com todo tipo de objetivo: para dizer a verdade, mentir, manipular e sabe-se lá mais o quê. A tecnologia atual que vocês usam... basicamente, vocês recebem pacotes FTP. Basicamente, as pessoas vão mandar qualquer coisa por FTP para vocês...[51]

JA: Não, nós temos um monte de caminhos diferentes, e isso é quase de propósito. Não revelamos qual é o mais usado e qual é o menos usado para forçar os adversários a distribuir os recursos de investigação por todos os caminhos possíveis. Pode ser pessoalmente. Ou pelo correio – o serviço postal continua sendo uma boa opção para manter o anonimato de quem manda o material. Você pode encriptar o material antes de enviar, se achar que ele corre o risco de ser interceptado no meio do caminho. Ou fazer *uploads* diretos em HTTPS, apesar de não serem diretos, na verdade, mas para o usuário parece que são. Nos bastidores, rola todo tipo de coisa. O maior problema da segurança digital não é a comunicação em si, são os *end points*.

ES: Certo.

JA: O maior problema é lidar com os ataques contra o *end point*, tanto contra quem tenta enviar informações para a gente e, mais importante, contra o nosso *end point*, que recebe as informações[52]. Se alguém estiver tentando enviar informações para a gente e ficar comprometido, é só uma pessoa. Mas se o nosso *end point*, que recebe a informação, ficar comprometido, isso pode comprometer todo mundo que estiver tentando enviar material para a gente.

ES: Acho que não fui muito claro na minha pergunta. Tem alguma nova tecnologia que, na sua opinião, tenha potencial para mudar consideravelmente esse modelo simples que eu descrevi bem resumidamente, sobre o grande aumento no número de...

JA: Sim.

ES: Quais são essas tecnologias?

JA: O mais importante é nomear direito as coisas. Se a gente puder nomear um arquivo de vídeo ou o trecho de um texto de um jeito que seja intrinsecamente associado à informação contida, para eliminar qualquer ambiguidade, essa informação pode ser espalhada de tal maneira que você não precisa confiar nas redes que sustentam a divulgação[53]. E você pode inundar a rede[54]. Um *hash* seguro é um exemplo, mas existem variantes... Você pode querer alguma coisa que os seres humanos consigam lembrar[55].

ES: Por que você não precisa confiar nas redes?

JA: Porque você pode assinar os *hashes*[56].

ES: Você pode assinar o seu nome, além do conteúdo?

JA: Você pode assinar o *hash*.

ES: Sei... assinar o *hash*.

JA: Se o nome for como um *hash*.

ES: Então não tem ambiguidade no que ele representa.

JA: Exatamente, não tem ambiguidade.

ES: Então o que você está dizendo é basicamente ter um nome provável em oposição a um nome alterável.

JA: Isso mesmo. E esses mecanismos estão evoluindo. Estamos usando uma coisa parecida internamente. Estou escrevendo um artigo para tentar fazer com que isso seja um padrão para todo mundo, mas dá para ver que a coisa está evoluindo. Se pensarmos nos *magnet links*, já ouviu falar? O BitTorrent tem uma melhoria que é um *magnet link*. Um *magnet link* é, na verdade, um *hash*, é um endereçamento por *hash*[57]. Ele não aponta para nenhum servidor específico; em vez disso, ele tem uma grande *hash tree* distribuída[58]. Não sei até onde você quer que eu entre na parte técnica.

ES: Por favor.

JA: Existe uma grande *hash tree* distribuída pelos vários milhões de computadores envolvidos e muitos pontos de entrada para essa árvore, o que dificulta muito a censura. E o endereçamento que leva ao conteúdo fica no *hash* do conteúdo.

ES: Certo, então você basicamente usa o *hash* como endereço e faz o endereçamento dentro do espaço de nomes. Enquanto tiver um nome assinado, você não tem como ocultá-lo.

JA: Bom, tem a questão do que isso informa. Você tem o nome de uma coisa, um *hash*, mas o que isso informa? Na verdade, nada, porque nenhum ser humano consegue ler esse *hash*. Você precisa de um outro mecanismo para mostrar que alguma coisa é importante para você... Por exemplo, o WikiLeaks assinando alguma coisa e dizendo que essa coisa é...

ES: Uma informação interessante.

JA: ... uma informação interessante, que checamos e dizemos que é verdadeira[59]. Depois que você alimenta o sistema com essa informação, fica muito difícil saber como ela entrou no sistema ou como livrar o sistema dela. E, se alguém conseguir se livrar dela, você tem como saber com certeza que o sistema está livre dela porque o *hash* já não leva a nada. E, se alguém alterar a informação, o *hash* também muda[60].

SM: Era o que eu ia dizer. Por que eles não mudam só o nome?

JA: Eles não podem, porque o nome está intrinsecamente ligado ao conteúdo intelectual.

ES: Acho que um jeito de explicar isso, para resumir a parte técnica é: pega-se todo o conteúdo de um documento e chega-se a um número; se o conteúdo se perder, o número não mostra mais nada e, se o conteúdo for alterado, o número deixa de computar direito. Essa é uma distinção adequada. Quanto tempo vai levar para esse tipo de sistema poder ser implementado?

JA: Do lado da publicação, os *magnet links* e assim por diante já estão começando a aparecer. Também li um artigo muito bom sobre o Bitcoin[61]. Vocês conhecem o Bitcoin?

ES: Não.

JA: O Bitcoin é uma coisa que surgiu do movimento cypherpunk alguns anos atrás[62]. É uma moeda sem Estado.

SM: Ah, eu estava lendo sobre isso ontem mesmo.

JA: É muito importante, na verdade. Ele tem alguns problemas, mas esses problemas são superados em muito pelas inovações. Agora, estão acontecendo inovações similares nessa linha, em muitos métodos diferentes de moedas digitais – anônimas, não rastreáveis e por aí vai. O pessoal tem feito experiências com elas nos últimos vinte anos. O Bitcoin, na verdade, acertou no equilíbrio e nos incentivos e é por isso que está começando a decolar. Ele não usa nós centrais; é tudo ponto a ponto[63]. Não é preciso confiar numa casa da moeda central.

Considerando as moedas tradicionais, como o ouro, por exemplo, dá para ver que elas têm propriedades interessantes e por isso são valiosas como forma de câmbio. O ouro é divisível, é fácil de cortar; na verdade, de todos os metais, é o mais fácil de cortar em pedacinhos. E não é muito difícil saber se ele é verdadeiro ou falso. Você pode pegar os pedaços e fundir para fazer uma peça maior. É isso que faz do ouro um bom meio de câmbio. É também uma boa reserva de valor, porque dá para enterrar o ouro e ele não vai se deteriorar, ao contrário de maçãs ou bifes.

O problema das antigas moedas digitais é que você precisava confiar que a casa da moeda não ia emitir moedas demais. E o incentivo para a casa da moeda continuar emitindo mais moeda são grandes, considerando-se que ela pode emitir dinheiro grátis. Isso significa que você precisa de algum tipo de regulamentação. E, se você tiver uma regulamentação, quem é que vai fazer cumprir os regulamentos? De repente, você se vê metido até o pescoço naquele problema todo do Estado, com toda aquela pressão política de gente tentando assumir o controle e usar a casa da moeda para interesses próprios.

Já o Bitcoin tem um algoritmo que permite que qualquer um seja a sua própria casa da moeda. Basicamente, eles só procuram colisões entre os *hashes*[64]. Eles procuram uma sequência de zero *bits* no início da coisa e precisam fazer uma busca aleatória. Dá para imaginar quanto trabalho digital isso exige. Esse trabalho aumenta algoritmicamente com o passar do tempo. Então, a dificuldade para produzir Bitcoins aumenta cada vez mais. Isso está incorporado no sistema.

ES: Muito interessante.

JA: Do mesmo jeito que é cada vez mais difícil encontrar ouro e isso leva à previsão de que o mercado não vai ser inundado de repente por ouro.

ES: Isso reforça a escassez.

JA: Isso mesmo, reforça a escassez. A escassez aumenta com o tempo. E o que isso significa para o estímulo a entrar para o sistema do Bitcoin? Significa que é melhor entrar logo[65].

É melhor adotar logo, porque um dia os seus Bitcoins vão valer muito dinheiro. Um endereço Bitcoin não passa de um grande *hash* de uma chave pública que você gera[66]. Depois que consegue esse *hash*, você pode simplesmente anunciar o seu *hash* para todo mundo e as pessoas podem enviar Bitcoins para você. Algumas pessoas já montaram casas de câmbio virtuais para converter os Bitcoins em dólares norte-americanos e assim por diante.

O jeito como o Bitcoin foi projetado resolve um problema técnico muito interessante: como impedir gastos duplicados com uma moeda digital? Todo material digital pode ser clonado a um custo praticamente zero, então, se eu tenho moeda na forma de uma sequência numérica, o que me impede de duplicar essa moeda? Comprei esse macarrão com a minha moeda digital[67], mas fiz uma cópia da minha moeda digital. E agora quero comprar o seu ovo com ela. E agora quero comprar o seu rabanete! E aí você diz: "Como assim? Eu já tenho essa moeda! Que palhaçada é essa? Isso está cheirando a fraude!". É um problema de sincronização. E agora? De quem é aquela moeda[68]?

Você tem uma enorme rede ponto a ponto com todos esses problemas: algumas partes mais rápidas, outras mais lentas, vários caminhos de comunicação... Como você resolve esse problema de sincronização para saber de quem é a moeda? Na minha cabeça, essa é a verdadeira inovação técnica do Bitcoin: ele resolveu essa questão usando alguns problemas de *hash* que impõem árvores de atraso e, depois, um tempo de atraso. Tem trabalho de CPU que precisa ser feito para mover uma coisa para outra, então a informação não pode se espalhar rápido demais.

Depois que tivermos um sistema cambial fácil de usar, podemos começar a usá-lo para outras coisas que queremos que sejam escassas. Que tipo de coisa queremos que seja escassa? Nomes, por exemplo. Queremos que os nomes de domínio curtos sejam escassos. Se eles não forem escassos, se não der trabalho consegui-los, assim que você tiver um bom sistema de nomeação, algum idiota vai vir e registrar todos os nomes curtos que ele pude imaginar para obrigar você a comprar o nome que você quiser[69].

ES: Certo. Muito interessante.

JA: Essa substituição do Bitcoin para o DNS é exatamente parte do que eu queria e estava teorizando: não é um sistema de DNS, mas um serviço de registro de tuplas de um texto curto a um texto longo[70]. Porque essa é a abstração. No caso dos nomes de domínio e todos esses outros problemas, você vai querer registrar um nome curto e vai querer ligar esse nome a alguma coisa mais longa ou difícil de lembrar.

Um exemplo disso é a Primeira Emenda. A expressão "primeira emenda" é curta, mas ela se expande para um texto mais extenso[71]. Então você pega o *hash* desse texto mais extenso e tem um nome memorizável intrinsecamente associado a ele. E pode registrar o nome "Primeira Emenda" vinculado ao *hash*. Isso significa que agora você tem uma estrutura e, com ela, tem como saber se alguma coisa já foi publicada ou não. Uma informação intelectual humana pode citar outra de uma maneira que ela não possa ser manipulada. Se ela for censurada, a censura pode ser encontrada. E, se ela for censurada em algum lugar, você pode vasculhar o mundo inteiro e, não importa onde você encontrar esse *hash*, você vai saber que encontrou exatamente o que queria.

ES: Certo.

JA: Isso, teoricamente, permite que os seres humanos construam uma estrutura intelectual em que cada citação, cada referência a alguma outra parte do conteúdo intelectual humano, é precisa e pode ser encontrada, se ela existir em algum lugar, em qualquer lugar, e, ainda por cima, não depende de nenhuma organização específica. Como uma forma de publicação, esse parece ser o modo de divulgação mais eficiente contra a censura, porque não depende de nenhum mecanismo particular de publicação. Você pode publicar pelo correio, pode publicar em sites convencionais, pode publicar usando o BitTorrent ou o que quiser, mas o sistema de nomeação é uniforme.

A publicação também é um meio de transferência. Se você quer transferir alguma coisa anonimamente para determinada pessoa, basta criptografar as informações com a chave dessa pessoa e publicar as informações.

ES: Esse sistema todo depende basicamente de estruturas de chaves revogáveis e irrevogáveis. E você acha que essas estruturas de chave podem desmoronar?

JA: Em termos de nomeação, de *hashing*, isso não depende de uma estrutura de chaves. Em termos de chaves, o Bitcoin tem uma estrutura própria de chaves, que é uma coisa independente. Isso vem com todo tipo de problema... hackers podem entrar e roubar chaves, e assim por diante. Os mesmos problemas que temos com dinheiro vivo. Você precisa de veículos blindados para proteger o dinheiro. Você pode tentar fazer algumas melhorias para tentar desestimular de uma forma ou de outra. Por exemplo, você pode lançar uma submoeda com um período fixo de uso, que você pode sacar em uma semana ou em um dia, e um comerciante pode ou não aceitar essa submoeda.

ES: Mas as pessoas comuns não entendem que, quando a RSA foi invadida, uma enorme quantidade de chaves importantíssimas, envolvendo o comércio, foram tomadas, supostamente pelos chineses[72].

JA: A estrutura de chaves públicas é um tremendo problema, do mesmo jeito que as estruturas de nomes de domínio. O sistema de chaves públicas baseado em navegadores que temos para autenticar os sites que visitamos é horrível. É péssimo. O número de pessoas com permissão para criar chaves está fora de controle. Alguns faliram e foram comprados a preço de banana por empresas russas. Podemos supor – alguém que está por dentro do assunto me contou, mas prefiro não divulgar ao público porque só tenho uma fonte, então fica entre nós – que a Verisign chegou a entregar chaves para o governo norte-americano. Não todas, mas chaves privadas assinadas[73].

O jeito como as coisas são autenticadas hoje é um grande problema. Existem algumas abordagens alternativas, como o PGP, que tem uma rede de confiança[74]. Mas eu não acho que essas coisas funcionem bem. O que eu acho que funcionaria realmente seria algo parecido com o que o SSH faz[75]. Essa talvez seja a melhor solução. Uma chave de registro oportunista. Então, como parte da sua interação, na primeira vez que você interage, você registra a sua chave e, se você tiver alguns pontos de chaveamento e algum tipo de *flood network*, pode ver que muitas pessoas visualizaram essa chave no passado[76].

ES: Toda essa noção de *hash* para o nome é interessantíssima, porque eu nunca tinha associado o Bitcoin, ou esse tipo de abordagem, com a escassez. É uma ideia nova para mim. Você já publicou essa ideia?

JA: Não em ligação com o Bitcoin. O artigo que saiu sobre a associação de alguma coisa com o Bitcoin tentava resolver a questão do DNS[77].

Mas por sorte o cara que fez a coisa percebeu... por que limitar isso a endereços IP? É natural fazer a coisa de um jeito que permita que ela passe por qualquer tipo de expansão.

A ideia da necessidade de um sistema de nomeação e a importância de preservar a história, construir essas estruturas e mapear tudo... isso está no site. Acho que é a primeira parte das entrevistas com Hans-Ulrich Obrist[78].

ES: Acho que vamos precisar estudar mais esse assunto para ter uma ideia geral da coisa. Podem surgir algumas outras perguntas. Outro comentário que eu gostaria de fazer é que, com base na premissa de que o que você está dizendo vai mesmo acontecer, o que eu acho provável, considerando que a estrutura de estímulos é...

JA: Ah, tive essas ideias vários anos atrás, mas agora estou vendo que outras pessoas também estão...

ES: Bom, tem muita gente interessada em resolver o problema que você está tentando resolver. Na internet, tem um monte de [*inaudível*]. O que me ocorre agora é: como eu atacaria isso? Como eu atacaria a sua ideia? Eu ainda acho que iria atrás da infraestrutura de assinaturas e chaves. Então, se eu conseguir decifrar as chaves...

JA: A ideia tem partes diferentes. É bem interessante pensar em termos de quando uma coisa passa de não publicada para publicada. Se você espalha informações, todas bem rotuladas com um *hash*, esse *hash* é importante. As informações precisam ser espalhadas de algum outro jeito, digamos, com o WikiLeaks assinando o *hash*. Mas elas podem ser espalhadas de muitos jeitos diferentes. As pessoas podem trocar o *hash* por e-mail. Podem falar por telefone e por aí vai.

ES: Você está dizendo que todos esses sistemas não têm um único ponto de ataque. Eu posso derrubar o HTTPS, mas você ainda pode usar o correio para enviar as informações, por exemplo.

JA: Isso mesmo. E você saberia que está recebendo a coisa certa por causa da nomeação. A nomeação é absolutamente precisa.

A COMUNICAÇÃO EM MOMENTO DE REVOLUÇÃO

ES: No começo do nosso bate-papo, falamos sobre a minha ideia de que o fortalecimento dos celulares está mudando a sociedade. Resumindo mais ou menos a sua resposta para os que não estavam aqui, você disse que as pessoas continuam praticamente iguais e alguma coisa grande precisa mudar o comportamento delas; o celular pode ser uma dessas coisas. Você disse que gostaria muito que alguém desenvolvesse uma criptografia fone a fone. Você poderia falar um pouco, em linhas gerais, sobre uma arquitetura em que você teria uma rede ampla e aberta e uma criptografia pessoa a pessoa? Quais seriam as implicações técnicas disso, como isso funcionaria e por que é importante? Esse tipo de coisa. Acho que as pessoas não entendem muito isso.

JA: Quando estávamos investigando o Egito, vimos que o governo Mubarak tinha isolado a internet, mas um ISP continuava conectado. Eu e alguns outros tentamos manter a conexão aberta. O ISP tinha uns 6% do mercado[79]. O governo Mubarak também isolou o sistema de telefonia móvel do país. Como é que isso pode ser feito? O celular é um dispositivo que pode se comunicar numa faixa de frequências de rádio. Uma cidade tem alta densidade de telefones celulares. Sempre existe um caminho entre uma pessoa e outra. Quer dizer, sempre existe um caminho contínuo de celulares e cada um desses celulares, teoricamente, é capaz de ouvir a transmissão dos outros.

ES: Então daria para formar uma rede *peer-to-peer*[80].

JA: Em teoria, você poderia formar uma rede *peer-to-peer*. Agora, do jeito que a maioria dos telefones GSM e outros celulares é projetada, eles recebem numa frequência diferente da frequência de transmissão, o que significa que eles não têm como formar redes *peer-to-peer*[81]. Eles precisam passar por estações-base[82]. Mas agora estamos vendo que os celulares estão ficando mais flexíveis em relação à programação da estação-base. Eles precisam ser mais flexíveis, porque são vendidos em mercados diferentes, que usam frequências diferentes e formas diferentes de *output* sem fio[83]. Mesmo quando os celulares não são muito flexíveis, é possível implementar o WiMAX, o que dá aos celulares um raio maior de comunicação bidirecional[84]. E também está ficando muito barato montar uma estação-base. Hoje em dia, você pode usar programas de software capazes de rodar uma estação-base[85]. Então, em relativamente pouco tempo, você pode juntar todas essas coisas e montar uma rede própria usando celulares convencionais. Na verdade, é justamente isso que barateou a espionagem de celulares – basta configurar uma estação-base falsa. Hoje em dia, você pode comprar vans por atacado no mercado de espionagem comercial. Você configura uma van e intercepta ligações de celular.

Em períodos de revolução, as pessoas envolvidas precisam poder se comunicar para planejar rapidamente, e precisam poder transmitir informações sobre o que está acontecendo para se adaptar rapidamente aos acontecimentos e criar a próxima estratégia. Se os serviços de segurança forem os únicos que conseguem se comunicar e o governo derrubar o sistema de telefonia móvel, os serviços de segurança ficam numa tremenda vantagem[86]. Se você tiver um sistema que permita que as pessoas se comuniquem de um jeito seguro e robusto, apesar da ação dos serviços de segurança, os serviços de segurança perdem um pouco dessa vantagem. Não que o governo vá necessariamente ser derrubado, mas eles vão ter de fazer mais concessões.

ES: Eles têm as redes deles. Então, o seu argumento é que, mesmo com os celulares existentes, eles poderiam ser modificados para formar túneis criptografados *peer-to-peer* para voz e dados[87].

JA: Voz seria um pouco mais difícil. Eu projetei um protótipo. Ele só funciona para grupos de médio porte. É uma *flood network peer-to-peer* de UDP criptografado[88]. O UDP abrange boa parte do tráfego, porque você pode enviar dados aleatórios a *hosts* aleatórios na internet[89].

ES: Ah, muito esperto. Assim você não pode ser bloqueado.

JA: Isso mesmo.

ES: Porque o UDP é um pacote único.

JA: Exato. Você manda o pacote para *hosts* aleatórios na internet, e um *host* aleatório na internet não responde, que é exatamente o mesmo que um *host* que está recebendo material. Com isso, você pode penetrar os *firewalls*[90]. Quer dizer, uma pessoa qualquer, em casa, pode usar isso, sem precisar de um servidor[91]. E a largura de banda é pequena, então você também pode usar nos celulares[92].

O *killer application* não é tráfego de voz[93]. Pelo contrário, são salas de bate-papo. Salas de bate-papo pequenas, de trinta a cem pessoas... É disso que os movimentos revolucionários precisam. Essas salas precisam ser seguras e robustas. O sistema que eu fiz era independente de protocolo[94]. Você tem uma tecnologia de encapsulamento – UDP ou o que for – e teoricamente envia pacotes por SMS, TCP ou outro jeito qualquer[95]. Você pode usar um celular, pode usar um desktop e por aí vai. Pode colocar tudo isso numa grande malha, então, se o país ficar isolado, você só precisa de uma conexão via satélite fora do sistema e a sua rede interna se conecta ao resto do mundo.

ES: Certo, certo.

JA: Se for uma rede pequena, você pode usar a *flood*. Uma *flood network* usa todos os caminhos possíveis, então deve pegar o caminho mais rápido possível. Uma *flood network* sempre vai encontrar um caminho, mas não comporta grandes quantidades. Mas se você tiver um bom sistema de roteamento só precisa de um link fora do sistema. E, no Egito, algumas pessoas hackearam a Toyota no Cairo, assumiram o controle do link de satélite deles e usaram esse link para se conectar àquele ISP que tinha 6% do mercado. Esse tipo de coisa estava acontecendo o tempo todo. Houve uma guerra hacker no Egito para tentar manter esse ISP independente no ar. Mas não precisava ser tão difícil. Na verdade, você só precisava de uma única conexão para as informações mais importantes poderem sair.

O Twitter e o SMS são importantíssimos. Os seres humanos são muito bons em codificar os acontecimentos mais importantes numa pequena quantidade de dados. O número de seres humanos é limitado. Não tem tantas pessoas assim no mundo.

ES: Não é um problema de largura de banda[96].

JA: Não é um problema de largura de banda. Basta um *pipe* e você pode conectar com o resto do mundo um país que está num momento[97]. E, além disso, você pode conectar pontos dentro desse país, cidades dentro desse país. Na verdade, não é tão difícil assim de fazer.

ES: Scott, você quer...

SM: É difícil parar! Está tão interessante!

ES: Na verdade, eu tenho mais umas cinco horas de perguntas técnicas.

SM: Pois é! Uma coisa puxa a outra.

ES: Como você montaria a arquitetura disso, como você montaria a arquitetura daquilo...[98]?

Censura é sempre motivo de celebração

SM: Eu só me pergunto, pensando no lado humano da coisa... Você tem essa experiência do mundo que você descreveu antes. Só dormi três horas esta noite, então me perdoe se não me lembrar exatamente do que você disse, mas a combinação de técnica e altruísmo... isso leva ao tipo de subcultura em que você esteve envolvido durante uns quinze anos... Você sabe como essa subcultura funciona. E essa subcultura precisa ficar na mesma ou se expandir para fazer o trabalho que você está descrevendo. Então, considerando que o nosso livro é sobre um futuro daqui a uns dez anos...

JA: Ela se expandiu tremendamente.

SM: Quais são os padrões, falando do lado humano, não técnico?

JA: Está acontecendo uma coisa muito positiva – a radicalização da juventude que cresceu com a internet. Gente que tirou seus valores da internet e, quando considera esses valores compatíveis, repercute-os de volta. Hoje essa repercussão é tão forte que abafa completamente as declarações originais.

Os radicais dos anos 1960 que ajudaram a libertar a Grécia e combater Salazar em Portugal dizem que o momento atual é o mais parecido com o que aconteceu naquele período de movimentos de libertação[99].

SM: Você vê uma expansão diferente em comparação com os anos 1960?

JA: Eu ainda não tinha nascido nos anos 1960, mas, até onde sei, o que eles dizem se aplica aos países ocidentais... porque tem certas regiões do mundo que eu desconheço... A educação política do pessoal técnico apolítico é fenomenal. Os jovens estão passando de apolíticos a politizados. Está sendo muito, muito interessante ver essa transição.

SM: Esse é o seu mundo. Por que você acha que isso aconteceu?

JA: Comunicações velozes; uma massa crítica de jovens; uma nova geração; e alguns eventos catalisadores. O ataque ao WikiLeaks foi um evento catalisador e a nossa vitória foi um evento catalisador. Vocês se lembram do caso do PGP, do grande júri contra Zimmermann[100]?

ES: Ele se divertiu muito com aquilo.

JA: Escrevi metade de um livro sobre isso. Ele nunca foi publicado, porque o coautor teve filhos.

[*LS derrama água no laptop que estava usando para fazer anotações. JA pega rapidamente o laptop e o vira de cabeça para baixo.*]

LS: Ah, não! Hahahaha!

ES: Hahaha!

JC: Por que eu tenho a impressão de que isso já aconteceu antes?

LS: Foi hilário.

SM: Podem dar adeus ao registro histórico!

JA: Como eu disse, várias cópias!

[*Risos*]

ES: Por que você não salva o seu arquivo?

SM: Salva na rede antes de perder alguma coisa.

LS: Vocês viram como ele foi rápido? Foi quase instintivo.

JC: É, parecia que você já estava com o computador na mão antes de a água chegar.

ES: Os computadores são muito importantes no nosso trabalho.

[*Risos*]

LS: Ah, muito obrigada. Podem continuar.

SM: Mas os jovens não são inerentemente bons. Eu digo isso como pai e lamento muito.

[*Risos*]

JA: Ah, não. Acho que, na verdade... Bem, eu li *O senhor das moscas* e estudei em trinta escolas diferentes, então vi muitas situações do tipo *O senhor das moscas*[101]. Mas não, acho que os instintos dos seres humanos na verdade são muito melhores do que as nossas sociedades.

ES: Do que os governos, basicamente.

JA: Eu não digo "os governos". A estrutura da sociedade como um todo. A estrutura econômica. As pessoas aprendem que simples atos altruístas não compensam. Elas veem pessoas que agem sem nenhum altruísmo guiando Porsches e acabam indo nessa direção. Pensei muito nisso um tempo atrás, quando vi um vídeo fantástico da Stanford, de 1971, sobre a síntese nuclear do DNA[102]. Vocês viram?

SM: Não.

JA: Está no YouTube. É incrível. Eles explicam a síntese nuclear usando dança interpretativa. São uns 130 estudantes de Stanford no meio de um campo de futebol norte-americano representando o DNA: um bando de gente representando uma subunidade ribossômica, com todo mundo usando aquelas roupas hippies da época. Mas, na verdade, eles foram brilhantes. Foi um recurso pedagógico excelente. Não só por ser bacana e criativo, mas por ser extremamente instrutivo e, antes da animação por computador, foi a melhor representação do comportamento de uma unidade ribossômica. Dá para imaginar a Stanford fazendo uma coisa dessas hoje? Absolutamente impossível. A Stanford é conservadora demais para fazer isso, apesar de ser instrutivo. Pode apostar que todo mundo que participou lembra exatamente como acontece a síntese nuclear, porque todo mundo tinha de lembrar o papel que representava. E eu me lembro por ter visto o vídeo.

A renda salarial média nos Estados Unidos chegou ao máximo quando? Em 1977[103]? Algumas coisas aconteceram então. Os altruístas, que não se preocupavam muito com finanças e fiscalização, simplesmente perderam poder, em comparação com os que se interessavam mais por finanças e fiscalização e se empenharam em subir dentro do sistema. Alguns comportamentos foram desestimulados e outros foram potencializados. Acho que isso aconteceu principalmente por causa da tecnologia, que possibilita a fiscalização. Transferências bancárias velozes, o IRS conseguindo rastrear a movimentação de um mundo de gente... Tudo isso prendeu as pessoas numa estrutura muito rígida de fiscalização[104].

Pode ter muita "mudança" política nos Estados Unidos, mas será que as coisas vão realmente mudar? Será que vai mudar quanto dinheiro uma pessoa tem em sua conta bancária? Será que os contratos vão mudar? Será que os contratos que já existem vão ser anulados? E os contratos sobre os contratos? E os contratos sobre os contratos sobre os contratos? Não é bem o que vai acontecer. Por isso eu digo que, em alguns países ocidentais, as pessoas têm liberdade de expressão não como consequência de circunstâncias liberais, mas como consequência de uma fiscalização tão intensa que o que você diz já não faz mais nenhuma diferença. A elite dominante não precisa mais ter medo do que as pessoas pensam, porque uma mudança na visão política não vai mudar o fato de que elas são as donas das empresas; não vai mudar o fato de que elas são donas daquele pedaço de terra. A China ainda é uma sociedade política, apesar de estar indo rapidamente na direção de uma sociedade fiscalizada. E outras sociedades, como o Egito, ainda são fortemente politizadas. Os governantes dessas sociedades precisam se preocupar com o que as pessoas pensam, por isso fazem tanto esforço para controlar a liberdade de expressão.

Mas eu acho que os jovens têm de fato bons valores. É claro que isso varia, mas na maioria das vezes eles têm bons valores e querem mostrar esses valores aos outros. Você pode ver isso quando esses jovens entram para a faculdade. Eles vão endurecendo, quando veem que algumas coisas compensam e outras não.

SM: Vou jogar um pouco de lenha na fogueira. Parece que você tem uma visão de mundo na qual em certas sociedades o impacto da tecnologia é relativamente pequeno, em certas sociedades o impacto político da tecnologia pode ser muito grande e em outras sociedades isso fica num meio-termo, por assim dizer. E eu acho que você coloca a China nessa categoria de sociedades que ficam no meio-termo. Como o nosso livro é sobre a tecnologia e a transformação social daqui a dez anos, como você vê o mundo daqui a dez anos, pensando na estrutura que você descreveu?

JA: Não sei bem qual será o impacto na China. A China continua sendo uma sociedade política, então o impacto pode ser enorme. Eu costumo dizer que a censura é sempre um motivo de celebração. É sempre uma oportunidade, porque revela medo da reforma. Significa que a sua posição no poder é tão precária que você precisa se preocupar com o que as pessoas pensam.

JC: É um argumento interessante.

ES: É um argumento muito interessante.

SM: É como descobrir documentos confidenciais por vê-los caçar.

JA: Exatamente. Então, se os chineses gastam tanta energia bolando novas maneiras de censurar, isso é desperdício de tempo e energia ou será que eles têm tanta experiência em liderar o país que sabem que o que as pessoas pensam faz diferença? Eu diria que faz muito mais sentido pensar que as tentativas de censura significam que diferentes atores na China, capazes de controlar esse sistema de censura, perceberam, corretamente, que a posição deles no poder é fraca e que eles precisam tomar cuidado com o que as pessoas pensam. Por isso precisam censurar.

SM: Então o Estado é racional, pelo menos na repressão.

JA: Eu sempre me preocupo quando falo de Estado, porque tudo se resume a um grupo de indivíduos agindo por interesse próprio. Esse grupo ou aquele grupo.

SM: Faz sentido.

JA: Por exemplo, as pessoas que trabalham como censores no Ministério da Segurança Pública da China. Por que elas censuram e o que elas censuram primeiro? Eu digo o que elas censuram primeiro: elas censuram aquilo que alguém do politburo pode ver! É isso que elas censuram primeiro. Elas não estão preocupadas com as *darknets*[105].

JC: Desculpe, com o quê?

JA: Elas não estão preocupadas com as *darknets*, porque seus chefes não conseguem ver o que está na *darknet* e elas não podem ser responsabilizadas por não censurar esse conteúdo.

Teve um caso fantástico aqui no Reino Unido. Nós publicamos um monte de documentos confidenciais das Forças Armadas do Reino Unido. Depois, preventivamente, fizemos requisições FOI, como costumamos fazer com vários governos, quando é possível[106]. Fizemos requisições no Ministério da Defesa para ver se eles estavam fazendo alguma investigação em resposta à publicação dos documentos, para podermos proteger melhor as nossas fontes. No começo, eles não forneceram a documentação. Nós recorremos e recebemos um monte de documentos. Os documentos mostraram que alguém do Ministério da Defesa percebeu que tinha um monte de documentos das Forças Armadas do Reino Unido no nosso site relativos ao programa de vigilância deles e um outro vazamento de 2 mil páginas sobre formas de impedir vazamento de informações, em que se afirmava que a maior ameaça às Forças Armadas do Reino Unido eram os jornalistas investigativos[107]. Isso foi enviado para alguém da contraespionagem que disse: "Ah, meu Deus, tem centenas de páginas aqui sobre tudo quanto é país e não acaba mais, não acaba mais, não acaba mais!!!!!". Cinco pontos de exclamação. Essa foi a fase da descoberta. Agora vem a fase "do que precisa ser feito". A BT tem contratos com o Ministério da Defesa[108]. Eles mandaram a BT censurar a gente. Então ninguém mais do Ministério da Defesa conseguia ver o que estava no WikiLeaks. Fim do problema!

ES: Interessante.

JA: Os chefes e os generais não podiam mais ver os documentos do Ministério da Defesa que estavam no site do WikiLeaks. Ninguém mais vinha reclamar e o problema estava resolvido. Pode ser muito interessante usar esse tipo de medida em alguns sistemas. Se você percebe que esse tipo de coisa sempre acontece nas estruturas burocráticas, você sabe que as *darknets* vão passar relativamente despercebidas até crescerem tanto que deixam de ser *darknets*.

SM: Tudo isso é muito, muito interessante. Você falou do jornalismo investigativo. Você tem muita experiência com o jornalismo, em vários sentidos. Como você vê o tipo de publicação de informações que você descreveu antes, como ele se encaixa, se é que se encaixa, nos processos jornalísticos? Ou será que ele substitui esses processos?

JA: Não, é mais uma questão de como esses processos jornalísticos se encaixam numa coisa muito maior. Essa coisa muito maior é que nós, como seres humanos, influenciamos e criamos a história intelectual, como civilização. E é essa história intelectual guardada na estante que podemos tirar de lá para fazer as coisas e evitar repetir as idiotices, porque alguém já fez essa idiotice e escreveu sobre essa experiência para não precisarmos repetir o erro. Existem vários processos diferentes que estão criando esse registro histórico, outros processos em que as pessoas tentam destruir partes desse registro e outros que tentam impedir as pessoas de incluir coisas nesse registro. Nós dependemos desse registro intelectual para viver. Então, nós precisamos colocar o máximo possível de coisas nesse registro, evitar o máximo possível que outras coisas sejam retiradas e fazer com que esse registro seja o mais pesquisável possível.

ES: Mas uma consequência dessa abordagem é que os atores também podem gerar grandes quantidades de desinformação estratégica.

JA: É verdade. Esse é outro tipo de censura em que eu tenho pensado, mas não falo muito a respeito dele, que é a censura pela complexidade.

ES: Exatamente. É muito complicado.

JA: E é basicamente o setor financeiro *offshore*. Censura pela complexidade. Censura do quê? Censura da indignação política. Muita indignação política leva a reformas da lei e, com reformas da lei, eles não podem mais continuar fazendo o que fazem. Por que é que esses arranjos todos da estrutura tributária são tão complexos? Eles podem estar rigorosamente dentro da lei, mas por que eles têm de ser tão complexos? Bom, porque os arranjos que não eram complexos foram compreendidos, e os arranjos que foram compreendidos foram regulamentados, então só sobrou aquilo que é terrivelmente complexo.

SM: Mais ruído, menos sinal.

JA: Exatamente.

ES: Mas, no futuro, como as pessoas vão lidar com o fato de que o estímulo para divulgar informações enganosas, erradas, manipuladoras, é alto? Além disso, você não vai ter como diferenciar o editor ruim do bom, por causa do anonimato no sistema.

JA: Primeiro, nós precisamos entender que o que temos agora é muito ruim. Um jornalista da *Nation*, Greg Mitchell, que também escreve para a gente, escreveu um livro sobre a grande imprensa intitulado *So Wrong for So Long* [Tão errado por tanto tempo][109]. O título diz tudo. É verdade que temos esses momentos heroicos como o Watergate e assim por diante, mas, na verdade, convenhamos, a imprensa nunca foi muito boa. Ela sempre foi péssima. Os bons jornalistas são exceção. Quando você está envolvido numa coisa, como eu estou envolvido no WikiLeaks, e conhece todos os lados dessa coisa, você lê o que dizem na grande imprensa e vê que é uma sucessão de mentiras deslavadas. Você sabe que aquilo que o jornalista sabe é mentira, é mais do que um simples erro. Então as pessoas repetem essas mentiras e por aí vai. A situação da grande imprensa, hoje, é tão terrível que eu não acho que ela tenha conserto. Não acho que ela seja possível. Acho que ela tem de ser eliminada e substituída por uma coisa melhor.

SM: E parece que isso está acontecendo!

JA: É. E eu defendo a ideia de um jornalismo científico – as coisas devem ser citadas com precisão, com a fonte original, e o maior número possível de informações deve ser de domínio público, para ficar disponível para as pessoas, da mesma forma como acontece na ciência, para você poder testar e ver se os dados experimentais de fato levam àquela conclusão[110]. Caso contrário, provavelmente o jornalista só inventou a notícia. Na verdade, é isso que acontece: as pessoas simplesmente inventam as coisas. Inventam a ponto de a gente entrar em guerra. A maioria das guerras do século XX começou como mentiras amplificadas e espalhadas pela grande imprensa. Você pode dizer: "Bom, isso é terrível; é terrível que todas essas guerras comecem com mentiras". E eu digo que não, que isso é uma oportunidade tremenda, porque significa que as populações não gostam de guerra e só entraram nela porque foram enganadas, porque mentiram para elas. E isso significa que, se souberem a verdade, elas podem fazer a paz. Isso é motivo de grande esperança.

Mas essa questão de como distinguir os editores confiáveis dos não confiáveis é uma coisa de reputação. O que eu gostaria de ver no jornalismo era a introdução da reputação, como acontece na ciência, que pergunta: "Onde estão os dados que comprovam essa sua alegação?". Se você não apresenta seus dados, por que diabos eu deveria levar isso a sério? Agora que podemos publicar na internet, agora que temos espaço físico para todos os dados, eles devem ser apresentados. Os jornais não têm espaço físico para a fonte primária; agora que temos espaço físico para a fonte primária, deveríamos criar uma norma para incluir esses dados. As pessoas podem se desviar dessa norma, mas, se elas se desviarem e não se derem ao trabalho de apresentar os dados da fonte primária, por que deveríamos prestar atenção no que elas escrevem? Elas não estão tratando o leitor com respeito.

Acho que a questão da reputação é importantíssima. Como é que as coisas ganham reputação? Uma das maneiras de ganhar reputação é por uma série de citações. Alguma coisa acontece, alguém diz alguma coisa a respeito dela, outra pessoa diz outra coisa sobre o que foi dito e por aí vai. Isso é uma série de citações, na forma de fluxos de informação, de uma pessoa para outra. Para ter uma boa reputação, você precisa de um bom sistema de nomeação e não se basear em informações de um site que acabou de aparecer e some no dia seguinte, ou um site que altera as informações que desagradam uma empresa, ou um site que foi processado e teve de sair do ar. Acho que isso ajudaria a criar uma boa reputação.

Já com a complexidade é mais difícil. Acho que a complexidade é um grande problema. Quando as coisas são expostas, elas tendem a ficar mais complexas, porque as pessoas começam a esconder o que estão fazendo – o mau comportamento – por trás da complexidade. Um exemplo é a linguagem ambígua da burocracia. As coisas são burocratizadas e tudo fica vago, subjetivo. Esse é um dos custos da abertura. No setor bancário *offshore*, existe uma complexidade incrível nas camadas de coisas que acontecem, e elas acabam se tornando impenetráveis. É claro que a criptografia é um sistema intelectual especializado em aumentar ao máximo a complexidade das coisas. É difícil atacar esse tipo de coisa. Por outro lado, os sistemas complexos também são difíceis de usar. Burocracias e sistemas de comunicação interna, cheios de palavras vazias e tentativas de encobrir o próprio rabo, são sistemas ineficientes de comunicação interna. E a mesma coisa acontece com os arranjos estruturais do setor bancário *offshore*, que são tremendamente complexos e também ineficientes. Você pode sair ganhando quando o regime fiscal é favorável, mas, se o regime fiscal for de 3%, você não ganha nada, você é sufocado pela complexidade.

SM: Bom, se esse sistema não fosse ineficiente, todo mundo deixaria o dinheiro no exterior, Julian.

JA: É, é verdade.

SM: Estou brincando, mas pode muito bem ser verdade.

JA: Não, é verdade. Existe uma batalha entre todas essas coisas. Não vejo nenhuma diferença entre o governo, as grandes empresas e as pequenas empresas. Todos se colocam numa escala progressiva. São todos sistemas tentando conquistar o máximo de poder possível. Um general tenta conseguir o máximo de poder para a sua divisão e por aí vai. Eles anunciam, produzem alguma coisa que dizem ser um produto, as pessoas compram, não compram, eles aumentam a complexidade do produto para ocultar as falhas, eles exageram. Eu não vejo nenhuma grande diferença entre o governo e os atores não governamentais, nesse sentido. Existe uma diferença teórica em relação à capacidade de usar a força coercitiva, mas mesmo assim dá para ver que empresas bem relacionadas conseguem mobilizar o governo ou os tribunais, que, por sua vez, podem usar a força coercitiva mandando a polícia executar uma dívida ou expulsar funcionários de um escritório.

O sigilo é criminogênico

SM: Será que eu posso perguntar a mesma coisa, só que meio ao contrário? Quer dizer, de que maneira as fontes de informação, como indivíduos, podem ou não ser protegidas? Em outras palavras, como as informações delas podem ficar anônimas, como fazer para elas não pagarem o preço por vazar informações? Será que você pode dar um exemplo na Coreia do Norte, ou no Irã, e outro nos Estados Unidos, e falar um pouco sobre as diferenças entre esses dois cenários?

JA: Existem muitas maneiras de transmitir informações anonimamente. Uma das maiores dificuldades das fontes é a proximidade com o material. Se elas estão muito perto do material e o número de pessoas que conhecem esse material é limitado, não faz muita diferença que mecanismo técnico você escolhe; seria muito difícil vazar essas informações sem chamar a atenção, não importa em que país ou regime as fontes estão. Mas a injustiça sistemática, por definição, precisa envolver muitas pessoas. Então, mesmo que você não consiga tirar com segurança os registros do santuário onde eles estão protegidos, se essa decisão tiver consequências injustas que afetarão muitas pessoas, muita gente de dentro deve ver pelo menos parte de um planejamento sigiloso dos níveis mais altos da hierarquia, quando as instruções de execução começam a se espalhar para os níveis mais baixos. O plano como um todo pode não ser visível quando chega às linhas de frente, mas seus componentes devem ser visíveis.

Percebi isso quando tivemos acesso aos dois principais manuais da Baía de Guantánamo. O manual de 2003 foi o primeiro que conseguimos. Foi escrito pelo general de divisão Geoffrey Miller, que posteriormente foi transferido para Abu Ghraib para "gitmonizar" a prisão, como disse Donald Rumsfeld[111]. O manual tinha todo tipo de abuso[112]. Por exemplo, fiquei pasmo quando vi uma instrução explícita para falsificar registros que eram enviados para a Cruz Vermelha. Quantas pessoas leram aquele manual? Todos os capitães da prisão de Guantánamo. Por que você se arriscaria a passar esse tipo de informação para os níveis mais baixos da hierarquia? E as informações nem eram confidenciais, eram "somente para uso oficial". Por quê? Porque sai mais caro manter pessoas que têm acesso autorizado às informações sigilosas. Sai mais barato contratar fornecedores sem autorização para acessar essas informações. Não dá para cochichar no ouvido da "peãozada" [*coalface* – literalmente, "cara de carvão"][113]. O presidente não pode cochichar no ouvido da "peãozada", porque a "peãozada" é grande demais. E o presidente não pode cochichar no ouvido dos intermediários, porque ele acabaria num jogo de telefone sem fio e as instruções acabariam não sendo executadas. Ou seja, se você evita registros escritos, se você evita qualquer rastro físico ou eletrônico, as instruções se perdem. É por isso que todas as organizações, de qualquer porte, têm registros, físicos ou eletrônicos, das instruções da liderança. Mas, por definição, se você quiser que um grande número de pessoas faça alguma coisa, você vai precisar dar instruções, o que sempre leva a evidências escritas. Decisões tomadas por grupos pequenos, que não chegam à base da hierarquia, são uma exceção. Mas até que ponto essas decisões dos grupos pequenos, que não chegam à base da hierarquia, são importantes no esquema das coisas?

SM: Elas são ineficazes.

ES: Nós fomos a Berlim, lá onde eles assinaram a ordem final, como chama?

LS: Solução Final. Em Wannsee[114].

ES: Wannsee. E, como eram alemães, eles documentaram tudo.

LS: Fascinante.

ES: É exatamente o que você está dizendo. Para matar 6 milhões de judeus, as ordens precisam estar no papel.

JA: É um processo logístico gigantesco.

ES: Com certeza. Muitas, muitas coisas precisavam ser comunicadas, os procedimentos e assim por diante, e as fotos das pessoas, a assinatura delas e assim por diante.

LS: Atas de reuniões.

ES: É de arrepiar. É a banalidade do mal[115].

LS: Com certeza.

JA: Sim, mas essa foi uma das primeiras discussões internas que tive com o pessoal em 2006. Eles diziam: "Bom, tudo bem, então você fica num beco sem saída. Você pode expor uma organização e mostrar que ela cometeu algum tipo de abuso, e a organização vai simplesmente evitar qualquer registro escrito e começar a usar instruções orais". E eu dizia: "Não, isso não vai acontecer, porque, se eles evitarem os registros escritos, se eles se balcanizarem internamente para a informação não ser vazada, isso vai ter um custo tremendo para a eficiência da organização. E se mesmo assim eles decidirem fazer isso, essa organização abusiva vai simplesmente perder poder na luta pelo equilíbrio econômico e político contra as outras organizações".

ES: É o contrário do seu argumento sobre dar poder aos dissidentes no Egito. Eles precisavam do SMS para se comunicar. Ajudar os dissidentes a se coordenar nesse nível é o contrário do seu argumento. É literalmente o contrário do primeiro argumento. O seu argumento seria que se essas ferramentas forem retiradas...

JA: É... Eu digo que eles mesmos retiram as ferramentas. Existem muitas razões para as organizações sem poder agirem em segredo, o que, na minha opinião, se justifica; elas precisam agir assim porque não têm poder. Mas por que as organizações poderosas agem em segredo? Bom, normalmente porque, se os planos delas vierem a público, o público vai ficar contra elas. Planos que têm muita oposição antes da implementação não são implementados em geral, então essas empresas esperam o máximo que podem até ir a público. A própria implementação acaba revelando os planos, mas a essa altura já é tarde demais para mudar a ação.

Por outro lado, uma organização envolvida num planejamento que não enfrenta oposição do público não tem esse fardo. Ela não precisa evitar registros escritos. Essa seria uma organização eficiente, enquanto a outra seria uma organização ineficiente. No fim das contas, na batalha política e econômica, a organização eficiente cresce e a ineficiente definha.

ES: Você diria que essa é a justificativa básica para o que vocês fazem?

JA: Na verdade, são duas justificativas básicas. A primeira é que a civilização, a parte boa dela, se baseia no registro intelectual, e o registro intelectual deve ser o mais completo possível para a humanidade poder avançar o máximo possível. A segunda é que, na prática, a divulgação da informação é positiva para as pessoas envolvidas em ações que contam com o apoio do público e negativa para as pessoas envolvidas em ações que não têm o apoio do público.

ES: É uma forma de freio.

JA: Pode reparar uma injustiça que foi revelada. O que é bom. Mas o maior efeito é o desestímulo das organizações que têm projetos injustos ou se envolvem em ações injustas.

ES: Mais uma perguntinha... Daqui a dez anos, como você acha que o mundo será? Em outras palavras, se você extrapolar esse argumento...

JA: Bem, a gente já está meio que numa encruzilhada, não é mesmo? Ele pode ser de um jeito ou de outro.

SM: Qual seria o cenário otimista e qual seria o pessimista?

JA: Vocês se lembram do caso do PGP, de Philip Zimmermann?

ES: Lembro.

JA: Foi só um inquérito de um grande júri. Foi meio sério, mas ele não foi condenado. Na época, ninguém foi acusado, eles só foram investigados. Mas aquilo mudou o comportamento de dezenas de milhares de pessoas que decidiriam se deviam ou não incluir criptografia nos programas[116]. Aquilo acabou envolvendo todo tipo de contrato tortuoso de direitos autorais e estruturação entre empresas de software, só por causa da sinalização negativa que foi dada pela investigação de um grande júri. Aquilo mostrou qual tipo de comportamento é aceitável, qual comportamento livra a sua cara, qual comportamento beneficia as pessoas envolvidas e qual comportamento prejudica as pessoas envolvidas... Tudo isso foi suficiente para mudar o comportamento de muita gente.
Agora estamos numa encruzilhada em que as organizações que estão combatendo as pessoas que querem poder publicar livremente e revelar informações importantes ao público... Não lembro como comecei a frase.

JC: Você disse que estamos numa encruzilhada em que as organizações estão combatendo as pessoas que querem poder publicar livremente e revelar informações importantes ao público.

JA: Ficou meio confuso, não ficou? Certo, há... Agora estamos numa encruzilhada em que as organizações que estão combatendo as pessoas que querem poder publicar livremente e revelar informações importantes ao público poderiam dar um sinal, se forem vitoriosas, desencorajando a maioria a se envolver nesse tipo de coisa. Ou nós, e as pessoas que compartilham os nossos valores, podemos ser vitoriosos e essa será a nova norma de comportamento.

SM: E quais são as condições necessárias para isso acontecer, o segundo cenário? É fácil pensar nas condições necessárias para o primeiro.

JA: Todo mundo doar para o WikiLeaks!

[*Risos*]

SM: Vocês aceitam Bitcoins?

JA: Claro! Seria interessante saber, se as pessoas que lerem isso resolverem agir, se a ação vai ser suficiente para mudar o resultado. É por isso que vivemos num período muito interessante. Acho que estamos literalmente nessa encruzilhada, e um empurrãozinho nesta ou naquela direção pode mudar muito o resultado. Então, se as pessoas querem ver a vitória dos valores que estamos promovendo, elas devem promover as organizações e as pessoas que representam esses valores e começar a chamar a responsabilidade para elas.

SM: Eu ia dizer: ou se transformar nelas.

JA: Isso, se transformar. Se transformar na representação desses valores. Sempre evito dizer que todo mundo deveria sair por aí e virar mártir. Não acredito nisso. Acredito que os melhores ativistas são aqueles que lutam e fogem para lutar outro dia, e não aqueles que lutam e se martirizam. É uma questão de decidir quando lutar e quando recuar para preservar recursos para a próxima luta.

JC: Você diria que lutar e fugir não é muito diferente de lutar anonimamente, se a pessoa puder confiar na solidez do anonimato?

JA: Se você tiver um anonimato perfeito, pode lutar para sempre, sim. Não precisa fugir.

SM: Você pré-foge.

[*Risos*]

JC: É, é basicamente isso. Pré-fugir.

JA: Você pode baixar o limite da coragem. Essa é das vantagens do anonimato. Talvez não seja a melhor maneira de dizer isso. As pessoas costumam dizer: "Você é tão corajoso por fazer o que faz". E eu digo: "Não, você não entendeu bem o que é a coragem. Coragem não é ausência de medo. Só os tolos não têm medo. Coragem é o domínio intelectual do medo, é conhecer os verdadeiros riscos e oportunidades da situação e saber manter esses fatores em equilíbrio". Não é ter um simples conhecimento preconceituoso de quais são esses riscos, mas testá-los na prática. Tem todo tipo de mito circulando por aí sobre o que pode e o que não pode ser feito. É importante testar. Você não testa pulando de uma ponte. Você testa pulando de uma banqueta, e depois pulando de um lugar um pouco mais alto e assim por diante.

JC: Posso só interromper um pouco para fazer uma pergunta? Isso me lembra o que Scott perguntou sobre a relação entre a pessoa que manda e a pessoa que recebe as informações. Olhando todas as diferentes sociedades do mundo, dá para presumir que nem todo mundo está começando em igualdade de condições. Algumas pessoas conhecem melhor os riscos associados ao uso dessas ferramentas. Algumas pessoas vão divulgar informações em sociedades em que os governos não são tão vigilantes e outras pessoas farão isso em sociedades muito vigilantes. Acho que, num país como um Irã ou uma Coreia do Norte, onde a combinação de regimes muito vigilantes com populações que ainda não conhecem bem essas ferramentas e os riscos associados a elas, as pessoas podem não ser capazes de conhecer realmente os riscos reais da situação e as oportunidades que você mencionou.

JA: Acho que essas pessoas são capazes de aprender, como todo mundo. Essas sociedades são muito mais politizadas do que o Ocidente. As pessoas gostam de falar de política no jantar. Não sei se é certo pegar essa visão do Ocidente e pressupor que essas pessoas não conhecem as próprias mazelas. O risco extrínseco pode ser maior; os outros riscos associados a uma vida politizada podem ser bastante altos. Então, temos de manter esses riscos em proporção. Além disso, as recompensas potenciais também são muito maiores. Uma pessoa pode estar envolvida num momento histórico importantíssimo e ser arrastada por ele. E, como a gente só vive uma vez, todo mundo sempre corre o risco de não ter vivido bem a sua vida. Cada ano que não é usado é 100% desperdiçado.

ES: Me lembrei de um caso agora. Eu estava com Warren Buffett, que tinha 78 anos. E eu disse: "O que você anda fazendo?". E ele disse: "O próximo ano vai ser o melhor ano da minha vida". E eu disse: "Sei...". Estava na cara que ele estava brincando. Foi quando eu me toquei que, se você tem 78 anos, o próximo ano vai ser o melhor ano do resto da sua vida. Porque, mais cedo ou mais tarde, você vai ter um ano que não vai ser tão bom. E depois você vai morrer. E eu adorei essa ideia. De que o próximo ano vai ser o melhor.

[*Risos*]

LS: Julian, o que acha de fazer umas fotos para o livro? Tudo bem se eu fotografar vocês trabalhando? O que você acha? Você vai poder ver as fotos. Você decide. Eu só queria tirar umas fotos de lá e depois de lá.

JA: Fazendo o quê, exatamente?

LS: Vocês conversando. Só conversando.

JA: Ah, tudo bem.

ES: Com a minha câmera S95.

LS: Isso. Isso mesmo, está acontecendo uma operação muito *high tech* aqui.

JA: Só não faça nenhum comentário antissemita nos próximos meses!

ES: A gente jamais faria um comentário antissemita.

JA: Não, não. É só que um jornalista russo veio aqui e tirou uma foto comigo. O nome dele é Israel Shamir, ele é judeu, mas se converteu à Igreja Ortodoxa Russa e ficou muito antijudeu. Aí ele publicou alguma coisa no *Russian Reporter*, ou algo assim, com aquela foto comigo e eu comecei a apanhar de todos os lados.

ES: Interessante. Nós dois sentimos na pele os custos da publicidade negativa.

JA: É só uma piada. Sei que você já foi testado e aprovado.

ES: Fui testado e aprovado. E sou muito comportado. A crítica que se faz é que o WikiLeaks causou danos. Eu ainda não encontrei nada. Você tem alguma...?

JA: Bom, isso é um truque de retórica.

ES: Entendeu por que perguntei?

JA: Sim, sim.

ES: Estou tentando entender os argumentos contra a sua visão. E é claro que simpatizamos com a sua visão.

JA: Até o "Collateral Murder", nós éramos uma *cause célèbre* em vários grupos dos Estados Unidos; na verdade, ainda somos uma *cause célèbre*, mas agora em comunidades de esquerda ou de direita libertária[117]. Segundo a Reuters, em 24 países, temos o apoio de mais de três quartos da população. O apoio é menor nos Estados Unidos, onde temos o apoio de mais de 40%, o que ainda é muito bom, considerando o que vem acontecendo.

Fomos contra-atacados porque envergonhamos a diplomacia e os militares norte-americanos. E foi um belo contra-ataque. É um grupo com muito poder de fogo, que não se limita às pessoas que ocupam altos cargos na Casa Branca ou a um bando de generais. Pelo contrário, são pessoas conectadas a esses centros de poder, que lucram com o sistema. Isso é cerca de um terço da população dos Estados Unidos, desde Chelsea Clinton até o sujeito que dorme na sarjeta em San Antonio, no Texas, e tem um irmão que foi transferido para o Iraque. Neste exato momento, 900 mil pessoas nos Estados Unidos têm autorização para acessar documentos ultrassecretos[118]. Dois milhões e meio de pessoas têm autorização para ler documentos confidenciais[119]. Se pegássemos os últimos vinte anos e perguntássemos quantas pessoas tinham autorização para ler esses documentos, talvez fossem 15 milhões. Se pegássemos todos os maridos e esposas, sócios e filhos, seriam uns 30% da população dos Estados Unidos que estão a apenas um passo dessa estrutura ideológica e desse sistema de patronagem. É muito difícil nos Estados Unidos alguém dizer alguma coisa contra esse sistema. O *New York Times* descobriu isso por sua conta e risco, quando tentou se pronunciar contra o sistema. Quando publicou material do WikiLeaks, teve de se colocar na defensiva. Até jornalistas tradicionais acharam revoltante ver um jornal, poderoso ou não, se vangloriar de a Casa Branca ter ficado "satisfeita" com o seu comportamento[120].

Se olharmos os ataques contra nós, eles sempre usam as palavras "colocaram pessoas em risco". Mas risco em relação a quê? Neste exato momento, nós corremos o risco de um meteorito cair no teto desta casa e matar todo mundo.

É um risco, é real, mas será um risco concreto o suficiente a ponto de valer a pena falar sobre ele? A resposta é não. O mesmo acontece com a palavra "possibilidade". Existe a possibilidade de um meteorito cair aqui, neste exato momento, mas a probabilidade é muito baixa. As pessoas que estão discutindo a segurança gostam de usar esses truques retóricos: existe um risco disso, existe a possibilidade daquilo. As pessoas precisam se engajar num movimento de defesa intelectual contra essa manipulação pela retórica, entendo que, se alguém menciona um risco sem dizer que esse risco é maior do que atravessar a rua ou duas vezes maior do que o risco de ser picado por uma abelha, então não dá para levar o argumento a sério. A mesma coisa acontece com possibilidade e probabilidade.

ES: É, dá para imaginar. Tem algum exemplo de resultado positivo na esfera política que pode ser diretamente ligado ao WikiLeaks que você queira destacar? Alguma coisa que seja tangível e específica?

JA: O mais importante parece ser a Primavera Árabe.

ES: Você diria que o WikiLeaks participou...

JA: A Anistia Internacional disse isso no último relatório e acadêmicos e ativistas tunisianos também disseram[121]. Considerando meu envolvimento direto, seria impróprio eu afirmar diretamente, e eu, diretamente, não estou muito certo disso. O que eu sei com certeza é que afetamos o movimento e nos envolvemos profundamente nele.

ES: Vocês influenciaram o movimento.

JA: Com certeza influenciamos. E foi realmente uma coisa muito importante. Sei com certeza que mudamos o resultado das eleições quenianas em 2007[122]. Tiramos o escalpo de muitos ministros, muita gente teve de renunciar e por aí vai. Foram ações concretas e claras. Você pode dizer que os resultados foram positivos, se não gostava do sujeito, e pode dizer que os resultados foram negativos, se gostava do sujeito, então prefiro não dar isso como exemplo.

ES: Bom, voltando ao argumento de que o objetivo de vocês não é ter efeito apenas sobre uma pessoa... O efeito concreto seria mudar o sistema de alguma maneira fundamental, porque o seu argumento é que esses sistemas se tornaram fiscalizados, estáticos, indiferentes a qualquer pressão, então um exemplo de uma grande influência seria uma revolução. É isso?

JA: Sim, bom... Você pode ter uma grande influência sem esses eventos dicotômicos, mas é mais fácil demonstrar e falar de eventos dicotômicos, eventos binários.

ES: E também ajuda no marketing. É interessante ter uma história de marketing.

JA: Um ou outro partido ganha a eleição e o cenário muda. É um resultado muito claro. Estoura uma revolução, um grupo está no poder e de repente outro grupo está no poder. É uma mudança muito clara. Desconfio que algumas das mudanças que foram influenciadas por nós são mais importantes. Desconfio que a liberalização do ambiente de publicação é a mudança mais importante em que nos envolvemos e uma mudança que lutamos muitos anos para ter[123]. Quatro anos atrás, seria impossível fazer o que fizemos no ano passado. Não teria sido possível.

ES: Por quê? Tecnologicamente? Ou em termos de...

JA: Tecnologicamente, seria perfeitamente possível. A diferença foi uma mudança no *status quo*: o WikiLeaks passou a ser o *status quo*. E nem sempre foi assim. Nos dois primeiros anos, a nossa batalha era só para sermos considerados aceitáveis na internet. Depois teve o caso do Banco Julius Baer, que nos envolveu num grande processo judicial em São Francisco[124]. Nós, de um lado, e, do outro lado, uma potência suíça do setor financeiro tentando nos derrubar. Nós ganhamos, e isso custou o IPO deles nos Estados Unidos[125].

Foi um sinal de que existia um lugar no mundo para uma organização como o WikiLeaks, e começamos a consolidar esse espaço com o tempo. E, agora, esse espaço está realmente consolidado, porque, em outubro de 2010, o Pentágono veio a público e fez uma coletiva de quarenta minutos, por intermédio do seu porta-voz, Geoff Morrell, dizendo que o WikiLeaks – e eu, pessoalmente – tínhamos de devolver tudo o que já publicamos do Pentágono, devolver tudo que estávamos para publicar e parar de aceitar informações de militares norte-americanos e dos funcionários do governo, ou o Pentágono nos obrigaria a fazer isso. Quando um jornalista perguntou quais mecanismos o Pentágono usaria para nos obrigar a fazer isso, a resposta foi: "Veja, nós somos o Pentágono, nós não estamos preocupados com a lei"[126].

JC: Quando você viu isso, teve a impressão de que eles eram apenas terrivelmente ingênuos ou que desconheciam a tecnologia ou os aspectos técnicos que tornariam isso impossível?

JA: Foi o que eu pensei, mas depois cheguei a um entendimento mais sofisticado do que aconteceu naquela coletiva.

JC: Eu normalmente parto do muito pouco sofisticado. Hahaha.

JA: O que estava acontecendo, de verdade? Aquilo parecia ridículo. Por que o Pentágono se colocaria como vítima? Por que iam querer parecer tão patéticos e impotentes? Por que fariam uma ameaça que eles não tinham como concretizar? Eles acabariam parecendo fracos. Na verdade, aquilo foi uma mensagem legal, cuidadosamente elaborada, feita para nos pegar na Lei de Espionagem dos Estados Unidos. Foi uma notificação, como aquelas dos jornais.

ES: É...

JA: Nós exigimos que vocês façam isso. O vazamento desse tipo de informação causará graves danos à segurança nacional. Demos essa entrevista coletiva e agora podemos afirmar que todo o pessoal do WikiLeaks está ciente. Então o próximo documento que o WikiLeaks divulgar será uma demonstração de má-fé. Mesmo tendo sido advertido, o WikiLeaks publicou informações, isso constitui má-fé, porque ninguém comete espionagem por acidente.

SM: É por isso que eles estão interessados no passado, e não só no presente. A prática tem de ter um padrão; se todos os incidentes forem novos, não há um padrão.

JA: É, mas nós nos recusamos de cara, antes de perceber que aquilo era uma armadilha legal. Então, em relativamente pouco tempo, produzimos o Iraqi War Diaries, uma das melhores coisas que fizemos[127].

[*A gravação é interrompida*]

INTERLÚDIO
[*A gravação recomeça em outra sala*]

SM: ... usando cada vez mais informações do WikiLeaks como fonte, às vezes sem nem mencionar que o WikiLeaks foi a fonte.

JA: Bom, no começo eles não citavam o WikiLeaks como fonte; agora eles citam. Agora dá prestígio dizer que as informações vieram da gente.

SM: Sei como é...

JA: Engraçado, não?

SM: É, sim. É, sim.

JA: Vou mostrar uma coisa engraçada. Você gosta do nosso slogan?

ES: Opa, calma aí! Hahaha.

SM: A Segunda Guerra Mundial!

ES: A gente estava admirando as fotos dos antepassados do proprietário.

JA: São os ancestrais de Vaughan. Aquele ali é o Vaughan, meu amigo. A foto foi tirada no Afeganistão este ano.

ES: Ele é repórter, não é?

JA: Repórter de guerra.

SM: Desculpe, quem?

JA: O dono da casa, meu amigo Vaughan Smith.

SM: Ah, sim. Estive no clube dele![128]

JA: É, ele é repórter de guerra. Ele começou nos Grenadier Guards*, mas acho que percebeu que iria a mais guerras como repórter de guerra do que como soldado.

SM: Hahaha. E em guerras diferentes. É bem melhor. Essa é a família dele?

JA: São todos parentes. Esse é o pai e essa é a mãe dele. Os dois moram aqui, numa casa na propriedade.

JC: Então é uma família de militares de pouco tempo atrás.

JA: Outro cara interessante é aquele sujeito ali, Tiger Smith, com cara de libertino com a gola levantada, que ficou famoso porque matou 99 tigres numa época que ninguém criticava esse tipo de coisa. Estava salvando indianos.

---

* Infantaria de elite do Exército britânico. (N. T.)

JC: Então, ele era um tipo de Raj britânico?

JA: Isso. E agora vem a parte engraçada. O pai de Vaughan foi mensageiro da rainha.

LS: Ah, a Elizabeth.

JA: Ele viajava de avião e entregava mensagens. Estão vendo essa sacola na mão dele? Sabem o que tem na sacola?

SM: Segredos de Estado.

JA: Comunicados diplomáticos!

[*Risos*]

ES: Que barato.

JA: Ele embarcava num Concorde, e o assento da direita e o assento da esquerda ficavam cheios de pacotes e sacolas de comunicados diplomáticos. Às vezes ele também levava computadores. Uns caras entravam por uma ponta do avião para bloquear a porta e não deixar ninguém roubar nada, e outros caras ficavam esperando na outra ponta para receber a encomenda.

LS: E o que ele diz disso?

JA: Ele fica meio horrorizado, por um lado, e muito satisfeito, por outro, porque, se ele só tivesse sido usado por eles, nada disso teria acontecido!

[*Risos*]

ES: E, eu queria perguntar, faz quanto tempo que você está aqui? Uns seis meses?

JA: Oito meses.

ES: Então esse já é o seu lar.

SM: Bom, é um lugar lindo.

JA: Tenho de me apresentar na delegacia todo dia.

ES: Fica longe, a delegacia?

JA: Uns quinze, vinte minutos. Volta e meia alguém me arma uma emboscada. O caso mais divertido foi o de uma mulher da Catalunha. Ela apareceu no Frontline Club de Londres e tentou convencer os jornalistas de que era a maior programadora espanhola do WikiLeaks.

ES: Hahahahaha!

JA: E, claro, sem saber nada de programação, ela usou o jargão técnico e eles presumiram que era verdade. Depois de um tempo, eles começaram a dizer: "É, mas, como você sabe, você não pode ver o Julian, ele está em isolamento". Ela passou a noite lá, de graça. Ela ouvia de orelhada as conversas dos outros e incorporava o que ouvia na história dela. E no dia seguinte: "Ah, eu conheço essa pessoa; ah, olha só, é o Fulano".

ES: Hahaha.

JA: Duas semanas depois, a polícia bate à minha porta e pergunta: "Sabe a Fulana?". "Fulana? Que Fulana?" "A sua noiva!" [*Risos*] "Não, não." "Bom, ela passou a noite numa casa perto daqui e disse que você vai pagar o táxi." [*Expressões de surpresa*] E eu lá: "Que táxi?". Acontece que ela foi da Catalunha para Londres e de lá pegou um táxi para vir para cá – 500 libras. Ela só tinha 50. Ela convenceu o taxista que o noivo dela, "rico e famoso", pagaria a conta. Teve um bate-boca na hora, mas eles deixaram para resolver de manhã. Ela apareceu no limite da propriedade, convenceu os caras de que era a minha noiva e o taxista ficou lá, porque queria o dinheiro dele. Os moradores deixaram os dois passarem a noite na casa deles.

[*Risos*]

SM: Ela merecia ser paga só pela criatividade.

[*Risos*]

ES: Pela diversão!

SM: De tão criativo, chega a ser impressionante.

ES: Não quero abusar da sua hospitalidade e do seu tempo. Acho que seria interessante falar um pouco sobre os vários cenários hipotéticos. Temos muito interesse nisso, Jared e eu fazemos isso o tempo todo. Quais são os cenários possíveis? Pense bem. Você tem todos esses diferentes atores e *players* e, obviamente, pensa a respeito. Você é basicamente um físico. Você pensa nesses termos.

JA: Talvez seja melhor sairmos para uma caminhada, então.

Não é fácil fazer um WikiLeaks
[*Andando por um caminho de pedras*]

JC: Pensando em cenários hipotéticos, acho que pode ser interessante pensar no passado em termos de "e se". Um dos capítulos do nosso livro vai analisar a intervenção no contexto de um genocídio futurista, mas acho que, na verdade, é mais interessante, a fim de entender o papel que o WikiLeaks poderia ter numa situação dessas, perguntar se, em 1994, caso o estágio tecnológico do mundo atual fosse o estágio tecnológico daquela época e o WikiLeaks existisse quando aconteceu o genocídio de Ruanda, o que poderia ter mudado[129]? As coisas poderiam ter sido diferentes?

JA: Tudo o que eu quero saber é se o tempo vai virar.

JC: Bem-vindo ao clima britânico. Haha.

ES: Bom, você sabe, essa nuvem vai passar.

JA: O genocídio de Ruanda. É, acho que teria sido um pouco diferente se eles tivessem internet e mais linhas telefônicas em Ruanda. Acho que a mensagem teria se espalhado mais. Ou talvez nem tanto: todo o horror que está acontecendo hoje no Congo na verdade não está recebendo muita atenção do Ocidente.

[*Chuva*]

SM: Aquela árvore é fantástica. A gente não vai se molhar lá.

JA: Boa ideia.

JC: Tem uma questão hipotética mais ampla aqui. Ela é parte "e se" e parte "por quê". Tipo, por que as pessoas que vivem em países como o Irã, a Coreia do Norte ou o Congo não publicaram documentos, como acontece, digamos, nas democracias ocidentais?

JA: Bom, na verdade temos algum material do Irã[130]. Não é muito fácil fazer um WikiLeaks – é uma combinação de aspectos técnicos com reputação, financiamento e por aí vai. Não é muito fácil fazer.

SM: Para começar, não é fácil fazer uma reputação.

ES: Ok, vou fazer a pergunta sem rodeios. Por que vocês não recebem um sem-número de *pen drives* anônimos com documentos de países africanos governados por esses ditadores do mal?

JA: Nós recebemos.

ES: Você não acha que todos deveriam ser incentivados a usá-lo? Não deveriam?

JA: Temos material bem decente da África. Um material razoável do Timor-Leste. Muita coisa da América Latina[131].

ES: É porque esses governos não documentam tanto as coisas?

JA: Eles não são tão conectados. Alguns não usam o inglês como língua de governo. O governo da Tanzânia usa o suaíli. Muito tem a ver com o fato de eles considerarem o WikiLeaks um ator político no país deles. Uma vez começamos a mexer com um material pequeno do Timor-Leste, recebemos mais material do Timor-Leste e de repente veio uma enxurrada, e meio que virou rotina para eles mandar material para a gente. Mas eles precisam entender que nós somos parte da comunidade. Em relação à Rússia, apesar de agora termos o RuLeaks, que vai indo muito bem, acho que o pouco material que publicamos é, na verdade, um bom sinal, um sinal de que a internet na Rússia é muito ativa[132].

ES: É, eu acabei de voltar de lá. É incrível.

JA: Para quem vê de fora, não parece. Por que a Rússia olharia para um site em língua inglesa como o WikiLeaks? Eles têm jornalistas ativistas, voluntários e oposicionistas e estão todos na internet, que é relativamente livre em comparação com a TV russa. Então eles não acham que precisam desse outro caminho.

Um monte de documentos da FSB foi publicado num servidor norte-americano, que foi imediatamente hackeado e derrubado e nunca mais foi visto[133]. Não é tão fácil publicar informações que vão contra atores estatais poderosos.

JC: Você falou muito da importância da nomeação. Esse foi um tema importante da nossa conversa. Tem o lançamento, quando o site entra no ar, e depois tem a grande estreia, quando o site vira um nome do dia a dia, conhecido por todo mundo, e uma das coisas que estamos pensando em incluir no livro...

JA: Mas nós ainda não estamos usando isso direito. Ainda não conseguimos crescer tanto quanto o nome.

JC: As pessoas sabem o que é o WikiLeaks, e fico pensando... Se o primeiro lote de documentos que vocês receberam fosse, digamos, de um Irã ou de uma Coreia do Norte, e vocês tivessem publicado isso, o mundo teria visto o site como uma plataforma de denúncia?

JA: Foi o que aconteceu[134]! Até começarmos a divulgar um grande volume de material militar norte-americano. Nós publicamos milhares de páginas de material das Forças Armadas Norte-Americanas em 2007[135].

ES: E ninguém reparou.

JC: Interessante.

ES: Porque o vídeo "Collateral Damage" não tinha sido publicado.

JA: As pessoas repararam no material de Guantánamo, mas não da mesma forma como o WikiLeaks se tornou um nome conhecido. Viramos um nome jornalístico muito rápido. Do lado tecnológico da comunidade ligada aos direitos humanos, ficamos conhecidos muito rápido. E ficamos conhecidos no público falante de alemão e inglês, o pessoal que cresceu com a internet, principalmente em relação à criptossegurança. Por exemplo, quando fizemos um evento para angariar fundos, do início de 2010 até março de 2010, antes do "Collateral Murder", levantamos um milhão de dólares. Um novo – novo em termos de conceito – grupo jornalístico, sem fins lucrativos, arrecadando um milhão de dólares em doações de vinte dólares, é uma coisa praticamente inédita. E isso foi antes do "Collateral Murder".

Nem o "Collateral Murder" fez da gente um nome conhecido mundialmente. A gente ficou conhecido nos Estados Unidos. Todas essas coisas já tinham se acumulado no fim do ano. Na verdade, foi o ataque do Pentágono contra nós e, por mais engraçado que seja, as acusações de crime sexual na Suécia que fizeram da gente um nome conhecido mundialmente, com 84% de reconhecimento ao redor do mundo[136].

ES: Muito interessante. Então, pensando na premissa de que a parte legal já está toda resolvida, os próximos anos são... O que vai acontecer com o WikiLeaks? Para nós, $T=0$ é daqui a um ano. Então pensamos em termos de um ano a partir de agora, do próximo ano, do ano seguinte. O WikiLeaks vai continuar crescendo, com mais doadores e mais tecnologia? Vocês pretendem mudar o WikiLeaks de algum jeito?

JA: Temos muitas mudanças. Acho que essa minha ideia para estruturar a informação intelectual é importante e vamos usar isso.

ES: Então, isso que você está falando faz parte de um plano concreto?

JA: Sim. Quando você tem tanto reconhecimento do público, pode se dar ao luxo de implementar ideias intelectuais bastante complexas, ideias que normalmente levariam um bom tempo para ganhar força organicamente, como a Sun fez com o Java, por exemplo[137]. Você pode usar a sua influência para forçar a implantação dessas ideias. Mas também vi que é muito difícil sermos uma organização do tipo comando e controle. Você falou das dificuldades que vocês tiveram para aprender com a Novell, mas nós, como organização, estamos numa posição em que temos toda a força de uma superpotência e seus órgãos de investigação, e o resto da Otan contra nós, subornando pessoas, monitorando comunicações e assim por diante[138]. Isso significa que, para nós, qualquer pequena fraqueza psicológica do nosso pessoal, qualquer atrito, pode deixar o nosso pessoal vulnerável a essas forças.

ES: Ah, vocês poderiam até ser infiltrados, teoricamente.

JA: É. Acho que a possibilidade de algumas pessoas serem pegas é um problema maior. Mas você tem razão sobre a infiltração.

ES: Mas as forças que se opõem a vocês vão pensar: "Tudo bem, esse é um ator desconhecido, vamos enviar um agente para se infiltrar, descobrir todos os segredos deles".

JA: É, estamos atentos a esse problema e investigamos as pessoas. Mas isso desacelerou tremendamente o nosso crescimento, porque não temos como simplesmente publicar um anúncio dizendo que precisamos de gente com tais e tais habilidades para fazer uma entrevista de emprego; é absolutamente impossível. Então o nosso crescimento acaba ficando limitado. Mas tem outro jeito de liderar, que é liderar pelos valores e não pelo sistema de comando e controle. Quando você lidera pelos seus valores, não precisa confiar nas pessoas e não há limite para o número de pessoas que podem adotar esses valores e a velocidade com que podem adotá-los. Tudo acontece muito rápido. E não é limitado pela oferta – em termos de oferta de funcionários –, mas pela demanda; assim que as pessoas criam a demanda por um valor, elas o adotam.

ES: Entendo. Outro jeito de dizer isso é que o poder de uma ideia é subestimado. Que, se você conseguir introduzir essa ideia corretamente, milhões de pessoas vão comprá-la. Eu diria que as ideias mais profundas de que você está falando não são compreendidas ou estão sendo combatidas pela desinformação. Como você disse, é um uso inteligente das palavras voltado contra você, ou algo parecido. Então você tem o desafio de fazer esses argumentos mais profundos que apresentou para a gente serem ouvidos, apesar de todas essas outras forças.

JA: Se você mentir tempo suficiente, as pessoas vão começar a acreditar nas suas mentiras. O discurso de que "a divulgação dos documentos sobre o Afeganistão foi terrível" se espalhou tão rápido que acabamos desistindo de tentar desmenti-lo. Vale mais a pena gastar essa energia com outra coisa. Mas estamos informando toda uma gama de pessoas sobre nós e os nossos valores e as coisas em que acreditamos. O que está acontecendo é que essas pessoas, de diferentes países e diferentes Estados, estão se encontrando. Estamos criando a nossa própria rede computacional de seres humanos capazes de pensar do mesmo jeito, e podemos confiar uns nos outros numa base ponto a ponto. Nós começamos no ano passado com um grande confronto com o Departamento de Estado e o Pentágono ao mesmo tempo. Um dos nossos poucos créditos de vitória é que conseguimos obrigar o Pentágono e o Departamento de Estado a cooperar!

[*Risos*]

Internamente eles são muito organizados; eles têm negativos fotográficos; têm um sistema de correio interno; têm uma estrutura de comando e controle para alocar pessoas e distribuir recursos; e têm pessoal disponível para nos atacar. Eles devem ter uns 10 mil funcionários. Nesse caso específico, é daí que vem a pressão contra nós. Por outro lado, do nosso lado, temos milhões de pessoas ao redor do mundo que nos apoiam e apoiam os nossos valores e que, tradicionalmente, são completamente atomizadas. Não existe uma estrutura de comando e controle; elas não são capazes de se coordenar de maneira eficiente e assim por diante. Essa é a condição inicial, mas é claro que começa a existir uma organização à medida que essas pessoas se encontram localmente. Quando se encontram, elas se otimizam. Aquela rede de nós começa a se unir e a ser cada vez mais eficiente no entendimento do ambiente, no planejamento das ações e depois na ação. Temos planos para potencializar isso. Vamos pegar esses gráficos de milhões de aliados e... Vocês sabem o que é recozimento simulado?

ES: Não.

JA: Quando você tenta fazer uma liga metálica com dois metais diferentes, e a ideia é juntar esses metais. Você mistura os dois metais diferentes e as moléculas se acomodam numa estrutura em que eles têm maior atração um com o outro. Esse é o estado de energia mínima. Pode ser difícil colocá-los nesse estado, porque uma molécula pode estar ligada à molécula da esquerda, mas o arranjo mais forte pode ser a ligação com as moléculas da direita, então ela precisa de um empurrãozinho para sair da posição em que está e ir para outra posição. Isso é chamado de recozimento. Quando você faz essas ligas metálicas, você derrete os metais, deixa esfriar um pouco, aquece um pouco, deixa esfriar um pouco, aquece um pouco... mas não muito de cada vez. Você pode até dar uns tapas nos metais, bater, dar pancadas. Nós estamos desenvolvendo um sistema em que vamos colocar todas essas pessoas numa rede que vamos recozinhar, usando um método de recozimento simulado, para garantir um arranjo humano com as ligações mais estreitas possível entre esses milhões de pessoas.

ES: Ao redor do conjunto de princípios.

JA: Ao redor do conjunto de princípios. Esse é o unificador.

ES: Entendi.

JA: E então teremos uma rede computacional eficiente – em termos de computação humana – capaz de observar, planejar e agir.

Divulgação total

ES: Outra crítica, eu acho, em relação ao WikiLeaks: vocês tiveram o cuidado, segundo dizem, de editar informações sensíveis. Pelo que entendi, houve um trabalho de edição, alguém teve de criar uma ferramenta de busca especializada, porque os documentos eram muito complexos, o período de avaliação com a grande mídia era longo e assim por diante. Tudo isso foi muito bem documentado. Agora, imagine uma pessoa, não você, que não tenha os mesmos valores, mas tenha a mesma tecnologia, porque a tecnologia é obviamente copiável... O que acontece quando existem mais pessoas desse tipo do que pessoas como vocês? Ou uma como elas e uma como vocês?

JA: Bom, a quem o WikiLeaks responde? Nós temos os nossos valores. Como as pessoas sabem se estamos seguindo esses valores ou se estamos traindo esses valores? As pessoas podem ou não gostar dos nossos valores. Como o ecossistema econômico pode nos disciplinar ou nos encorajar a seguir em determinada direção?

São as fontes que decidem. Se as fontes acreditam que vamos protegê-las e potencializar o impacto do material, elas simplesmente entregam o material para nós e não para outra pessoa ou grupo. Essa é uma das maneiras como somos disciplinados pelo mercado das fontes.

ES: Então existe basicamente um viés de seleção.

JA: A questão é: será que as fontes escolheriam outro grupo, que poderia publicar o material sem nenhum procedimento de minimização dos danos? A resposta é: sim. Mas vocês precisam entender a principal razão por que usamos procedimentos de minimização de danos. Não é porque o material que publicamos tem um risco razoável de causar danos em consequência da divulgação. Isso é muito raro. Existe, ao contrário, um risco provável de que, se não tivermos esse tipo de comportamento, nossos adversários vão se aproveitar e tentar desviar a atenção do público das revelações que publicamos – questões muito importantes –, questionando se existe potencial de dano e se a publicação é hipócrita – considerando que queremos promover a justiça – e se a organização é hipócrita. Então, muitos dos procedimentos que usamos não são apenas para tentar minimizar os riscos das pessoas mencionadas no material, mas sim para minimizar o risco de oportunistas tentarem reduzir o impacto do material quando ele é publicado. Então, parte do trabalho que fazemos para maximizar o impacto envolve impedir esse tipo de ataque ao que publicamos. Desse ponto de vista, as fontes das informações vão entender que fazemos isso para maximizar o impacto. Agora, dito isso, nós não removemos nenhuma informação permanentemente. Nós só postergamos a divulgação dos dados editados. Postergamos até a situação de segurança mudar e podermos divulgar a informação.

ES: Então dá para dizer que mais cedo ou mais tarde todas as coisas que vocês editaram vão ser disponibilizadas?

JA: Isso mesmo.

LS: Essa é uma questão diferente, na verdade, da pergunta que você fez, que era: "e se o mesmo processo e a mesma tecnologia caíssem nas...".

JA: Sim, vou chegar aí. Nós temos todos os tipos de projetos envolvendo a distribuição terceirizada do nosso sistema de submissão. Me incomoda editar qualquer dado. É uma situação muito, muito delicada. E eu já disse que fazemos isso não só para minimizar os danos, mas por questões de ordem política, para impedir que as pessoas desviem a atenção da parte importante do material enfatizando a questão dos riscos.

JC: É uma decisão pragmática. Uma decisão estratégica.

JA: É uma decisão pragmática e tática para maximizar o impacto, evitando distrações. Mas, com isso, nós fazemos uma concessão bastante perigosa, embora não com a mesma intensidade daquela praticada pelos jornais. Nós colaboramos com os jornais e vimos que alguns são simplesmente terríveis. Fizemos uma análise das edições que eles fizeram, em comparação com o que de fato precisava ser editado, e é extremamente interessante[139].

ES: Quer dizer que tinha uma diferença de opinião sobre o que precisava ser editado?

JA: O *Guardian* editou dois terços de um comunicado diplomático sobre a criminalidade na Bulgária. Eles cortaram todos os nomes dos mafiosos que se infiltraram no governo búlgaro[140]. Cortaram uma descrição da elite do Cazaquistão que afirmava que a elite do Cazaquistão em geral era corrupta, sem citar nenhum nome, falando só em geral. Cortaram uma descrição de uma companhia de energia italiana que opera no Cazaquistão como sendo corrupta[141]. Então, eles cortaram o nome de pessoas que poderiam ficar injustamente em risco, do mesmo jeito que a gente faz, é o que exigimos deles. Cortaram o nome dos mafiosos porque estavam preocupados com a possibilidade de serem processados por calúnia em Londres. Cortaram a descrição de uma classe social como sendo corrupta. E cortaram descrições de empresas como sendo corruptas porque não queriam se expor a nenhum risco. E o *Irish Independent*, apesar de ser um bom jornal, com jornalistas totalmente comprometidos, também faz isso. É incrível ver a autocensura generalizada, e eles não admitem que fazem isso, nem revelam que fazem isso. O WikiLeaks não quer seguir por esse caminho. Tenho certeza de que todas essas instituições começaram dizendo: "Não, nós só vamos fazer uma pequena edição". E aí a economia entra no jogo e eles pensam: "Por que correr o risco?". Você acaba com um sistema de autocensura. E fazer isso é uma vergonha, então por que dizer ao público que você faz[142]? Se você não diz ao público que faz, vai ficando cada vez mais fácil fazer[143].

Se pegarmos o e-mail, ninguém censura o e-mail. Se pegarmos um telefonema para a sua avó, algum censor intercepta a ligação dizendo que você está prestes a falar uma coisa cruel para a sua avó e derruba a ligação? Claro que não. O sistema postal... Tem alguém abrindo envelopes para ver se você está enviando alguma coisa nociva? Não. O YouTube... *a priori*, tem alguém sentado lá, vendo todos os vídeo antes de serem publicados?

ES: Vou dar uma resposta técnica, só para ter certeza de que você sabe. Não temos como avaliar todos os vídeos submetidos, então basicamente são os usuários que sinalizam os problemas.

JA: Sim, mas depois da publicação?

ES: Depois da publicação.

JA: Então, depois que o vídeo foi submetido, nada impede as pessoas de fazer cópias e espalhar por aí.

ES: E o que acontece é a retirada do... Nós temos problemas com isso, porque vários *players* querem uma avaliação pré-publicação. Mas com 48 horas de vídeo chegando por minuto no YouTube, nós não temos condições de fazer isso automaticamente. Então, se alguém posta alguma coisa errada ou nociva, uma violação da lei, ou o que for, existe uma lacuna, por sorte curta, entre o momento em que o conteúdo foi publicado e o momento em que ele é marcado como sendo contra as nossas políticas. E as políticas são bem especificadas num documento.

JA: Isso.

LS: Mas o padrão é bastante elevado para tirar um conteúdo do ar. Não é só errado, no sentido de um conteúdo incorreto.

ES: Mas, do jeito que essas coisas funcionam, nós, sites comerciais, podemos decidir o que queremos e o que não queremos permitir. Nós temos um conjunto de critérios; você pode ver, ler esses critérios. Queremos certos tipos de vídeo e não outros, e você tem de respeitar os direitos autorais e todo esse tipo de coisa.

JA: Eu gostei muito do que aconteceu com o "Collateral Murder". O "Collateral Murder" foi marcado imediatamente pelos nossos adversários como inadequado para menores de 18 anos, então ninguém podia ver o vídeo diretamente no YouTube sem primeiro fazer o login, mas dava para visualizar o vídeo sem problemas, se ele estivesse incorporado em outro site[144]. Minha interpretação é que, quando o vídeo é incorporado, é outra marca que está no conteúdo e, quando o vídeo está no YouTube, é a marca do Google que está lá[145]!

[*Risos*]

ES: Sem conhecer os detalhes, o que eu posso dizer é que o sistema é sensível ao feedback pós-publicação. Teve alguns casos no YouTube de *flags* fraudulentos. Tipo: o Jared publica um documento e as pessoas decidem tirar o conteúdo do ar. Então elas dão avaliações negativas, porque ele está sendo atacado, e ele fica mais abaixo no ranking do que deveria se a coisa fosse justa. Esses sistemas podem ser manipulados por grupos de pressão, e eu acho que isso é uma constante nesse caso.

JC: Às vezes, são os regimes que fazem isso. Alguns regimes autocráticos marcam como impróprio o conteúdo postado por ativistas.

JA: Algumas coisas que postamos foram marcadas. E dos anticientologistas também. Acho que uns 5 mil vídeos sobre a cientologia foram retirados do YouTube, quando um advogado jurou que todos eram protegidos por direitos autorais[146].

Como lidamos com material quase puramente político – não me refiro ao material político-partidário, mas como o poder é delegado –, somos alvo de tanta investigação que, se tivéssemos de mudar para um modelo do tipo "publique primeiro e retire depois", eles diriam: "Ah, mas agora é tarde demais! Vocês publicaram, agora tem mil cópias circulando por aí!".

ES: Vocês têm um modelo diferente. Vocês precisam de editores humanos.

JA: Mas isso é um problema sério. As implicações são que, em termos de escala, as coisas são muito difíceis para nós. É por isso que temos esse novo sistema de distribuição, em que vamos terceirizar a edição a várias organizações sem fins lucrativos e assim por diante.

ES: Mas você está basicamente terceirizando a avaliação humana, porque hoje em dia é impossível desenvolver algoritmos para fazer isso por você.

JA: Publicar sem checagem tem seus custos, mas na verdade o problema da checagem antes da publicação é tão sério que acaba sendo um problema muito, muito maior. Se você tivesse de escolher entre os dois, escolheria a publicação sem checagem.

ES: Isso também é interessante para nós. Isso quer dizer que você fundamentalmente prefere... Você se preocupa tanto com essa avaliação humana e a possibilidade de uma avaliação tendenciosa...

[*Interferência do vento*]

JA: A gente pediria para a fonte fazer isso. Esse encargo fica para as pessoas que entregam o material: "Avalie o que você está mandando, porque vamos publicar tudo o que você enviar". Caso contrário, ficamos comprometidos e, se os outros souberem que temos uma alavanca para decidir o que é publicado ou não, eles vão tentar ter acesso a essa alavanca.

JC: Eu queria esclarecer uma coisa. Estamos pensando cada aspecto do livro em termos de futuro e me pergunto se... Você tem um certo volume de conteúdo que está sendo recebido neste exato momento, em certo momento o Twitter também não tinha muito conteúdo, e em certo momento você tem tanta coisa que, se publicar tudo o que recebe, é uma mistura tão grande, é tanto conteúdo manipulado que isso acaba encobrindo o conteúdo válido...

JA: O conteúdo manipulado nunca será problema, apesar de ser interessante ter um histórico perfeito, que é o que temos agora. Mas o conteúdo manipulado sempre será uma parcela ínfima do material. Isso acontece porque manipular conteúdo requer trabalho econômico. Para fazer isso bem, você precisa de alguém muito mais inteligente do que a pessoa que criou o documento original, muito mais informada. E, se o documento inteiro for divulgado, não é como uma reportagem de jornal em que só o conteúdo manipulado pelo jornalista é que vem a público. Você precisa enganar todos os seus adversários e todo o resto do mundo. É muito mais difícil. Ao mesmo tempo, toda organização gera uma montanha de papelada e registros internos só por causa das suas atividades, e todos esses registros são produzidos de graça. O conteúdo legítimo sempre vai superar o conteúdo manipulado. O problema é que um pouco de conteúdo manipulado pode desvalorizar o grande volume de conteúdo não manipulado.

ES: Posso discordar de você em um ponto? Eu basicamente acredito que a desinformação se torna tão fácil de gerar porque a complexidade sobrepuja o conhecimento, que é do interesse das pessoas, por assim dizer, ao longo da próxima década, construir sistemas de geração de desinformação. Isso se aplica a empresas, ao marketing, a governos e assim por diante. E dificulta muito o trabalho dos jornalistas sérios, certo? E você disse antes que isso é basicamente um problema de confiança, o que eu considero mais ou menos correto. Eu diria que é basicamente um problema de classificação. A classificação se baseia em confiança e em outros algoritmos; é a mesma conclusão. Mas não é, a meu ver, correto dizer que sempre vai haver mais informações factualmente corretas do que um pequeno volume de informações manipuladas. É perfeitamente razoável pensar que os atores darão um jeito de criar sistemas de IA informatizados capazes de gerar muita informação falsa[147].

Você já deve estar sabendo dos projetos de artigos escritos por computador.

JA: Já, sim. Todo mundo sempre achou que seríamos inundados por esse tipo de material e isso nunca aconteceu. Se você excluir os malucos que discutiram como fazer isso numa festa ao ar livre doze anos atrás ou, conversando com a ex-mulher no quintal de casa, ao lado de um pé de maconha, quando ela disse que ele era o Anticristo e ele acreditou...

[*Risos*]

Se você excluir esses casos, e temos muitos, houve umas vinte tentativas genuínas de fraude. É extraordinário, isso é quase nada.

ES: Não, mas daria para argumentar que isso é uma prova de altruísmo e bondade e que as medidas necessárias para realmente manipular as informações são tão difíceis que a pessoa precisa ter péssimas intenções para fazer uma coisa dessas. A barreira para fazer isso é muito alta.

JA: Então o que é mais provável? Os golpes *pump and dump* no mercado de ações, por exemplo[148]. Vemos isso com bastante frequência. Eles fazem isso com GIFs e chegam a ter mecanismos para fugir do reconhecimento de OCR em e-mails[149].

ES: No caso do Google, vemos muitos, mas muitos *link farms** tentando manipular os nossos rankings. E nós detectamos.

---

* Um *link farm* (literalmente, "fazenda de links") é uma técnica que consiste em criar uma rede de sites para realizar trocas diretas de links. O objetivo é aumentar a relevância desse site para os algoritmos do Google e melhorar seu posicionamento nas buscas. (N. T.)

JA: A HBGary, uma empresa do setor de inteligência, foi convidada pelo Bank of America a apresentar uma proposta para nos derrubar[150]. Nós conseguimos a cópia da proposta. Não sabemos quem acabou levando o contrato. O orçamento era de US$ 2 milhões por mês para espalhar desinformação, hackear, atingir nossos jornalistas. Eles teriam mapas da rede de pessoas que nos apoiaram e alavancariam a carreira e os interesses pessoais dessas pessoas contra a ideologia delas. Então tem isso, mas a desinformação sempre existiu. Não sei por que a desinformação deveria aumentar em função do aumento do volume de informações que estamos vendo por aí.

ES: Esse, por sinal, é um argumento fundamental contra uma coisa que você e eu falamos antes. Precisamos resolver isso.

SM: Que tal num braço de ferro?

[*Risos*]

JC: Na verdade é um dos mais interessantes... Toda a conversa foi fascinante, mas essa última parte é mais fascinante ainda, porque entra na questão de como Eric, eu e Scott estamos pensando esses capítulos. É como imaginar como vai ser daqui a dez, quinze anos. Então, para a argumentação, vamos imaginar que daqui a dez anos vai ser muito fácil, e não só para um grande grupo de pessoas, criar documentos falsos, produzi-los em massa e distribuí-los em massa. Vamos supor que uma pessoa sozinha tenha essa possibilidade, usando as plataformas tecnológicas que tem à disposição.

JA: Você não vai precisar ter um Julian Assange dizendo que é verdade, ou qualquer outra pessoa.

ES: [*Julian*] está falando de um argumento mais fundamental. Ele está dizendo que a humanidade não se organiza dessa forma. Existem barreiras suficientes para que a minha escolha moral, por assim dizer, de fazer esse tipo de coisa vai tender a limitar o número de atos desse tipo, porque, se não fosse assim, o mundo já teria muitos desses atos.

JC: Então, vamos supor um governo que tenha motivação para potencialmente fazer alguma coisa.

JA: Eles já estão fazendo tudo isso. O departamento de propaganda de comunicações estratégicas do Pentágono custa algo em torno de US$ 6 bilhões por ano[151].

SM: Mas alguém já usou você para fazer isso? Quer dizer, estou falando de governo contra governo usando o WikiLeaks como lavanderia.

JA: Na verdade, para nós tanto faz, desde que seja verdade. Se a informação for verdadeira, tanto faz de onde ela vem. Que as pessoas lutem com a verdade e, quando os corpos forem retirados, as balas da verdade virão de todos os lados... Isso é bom.

SM: Mas leva a sua capacidade editorial de volta à verificação.

JC: Sim, porque é diferente de simplesmente dizer que vamos publicar tudo.

SM: É outra situação delicada, mas continua sendo uma situação delicada.

JA: Não, acho que não é assim que a coisa funciona. Acho que é justamente isso que eles querem: deixar as pessoas lutarem com a verdade.

ES: Mas o argumento é que você precisa ter um algoritmo de escolha, você precisa ter algum jeito de saber que a fonte é válida e a fonte deve poder escolher o editor.

SM: Eu sei disso, mas é por isso que a ecologia é tendenciosa contra qualquer sociedade que não possa ser verificada. Essas pessoas são deixadas à própria sorte. O WikiLeaks não pode ajudá-las. O WikiLeaks só diz: "Venha nos procurar quando tiver um bom sistema de verificação. Enquanto isso, boa sorte para você".

LS: Mas eles checam os documentos, não os fatos.

JC: Não, eles checam as fontes.

JA: Não, não, nós não checamos as fontes. Nós checamos se os documentos são documentos oficiais.

LS: Certo, se são documentos oficiais.

SM: Mas, em parte, vocês precisam checar as fontes.

LS: Mas isso também não é checar os fatos, então não se trata da verdade.

JA: É, não se trata de checar os fatos.

SM: Bom, essa já é outra conversa. Hahaha. É sobre checar documentos, não sobre checar a verdade!

JC: Isso nos leva de volta à questão do ruído, não é? Não é só num contexto de revolução que a tecnologia gera ruído. No futuro, vamos enfrentar mais ruído e a questão não é se os seres humanos preferem a verdade à ficção, mas se são ou não capazes de encontrar a verdade e distinguir a verdade da ficção.

ES: Mas essa é a questão central. Ele discorda de mim em relação a isso. A gente precisa resolver isso.

JA: Nós publicamos todos os documentos falsos que recebemos que eram interessantes. Publicamos dizendo que eram falsos.

JC: Tipo um WikiForgeries*?

JA: Mas não tem tantas falsificações assim a ponto de ser uma coisa preocupante. E, na verdade, eles não são falsos. Num metanível, eles são verdadeiras falsificações.

ES: Eles são interessantes por si sós, é isso?

JA: São interessantes por si sós. Um desses documentos falsificados foi uma tentativa de influenciar as eleições no Quênia, dizendo que a oposição tinha assinado um acordo secreto com a minoria islâmica para fazer valer a lei islâmica no país todo[152]. Pode soar ridículo, mas na verdade foi um documento muito bem elaborado.

JC: Então como vocês sabem que são falsos?

JA: Bom, nesse caso foi difícil. Foi um documento elaborado com muito cuidado. Nós checamos as assinaturas e encontramos a assinatura verdadeira. Deu muito trabalho. Normalmente não dá tanto trabalho.

JC: Mas fazer isso requer capital humano, certo?

JA: É. Normalmente alguém comete um erro primário. Eles são desestimulados a nos mandar documentos falsificados, porque somos conhecidos por sermos bons

---

* Literalmente, "WikiFalsificações". (N. T.)

em detectar fraudes e divulgar o documento ao público. Então, por que não mandar para um jornal, já que eles não divulgam o documento falso, e os jornais não têm experiência nesse terreno? Seria muito mais fácil enganá-los.

Esse problema do qual você está falando... Vamos dizer que você não tenha autenticadores como nós. Esse trabalho de autenticação não é fácil. Não temos como autenticar todo o material que recebemos. Estamos bolando jeitos de resolver esse problema, passando as informações por uma malha de pessoas e com pessoas diferentes autenticando os documentos que passam pela malha. É como distribuir e delegar a tarefa. Pode ser uma solução.

Mas e se todo mundo simplesmente publicasse anonimamente e você não tivesse nenhum autenticador? O que aconteceria? Para começar, você teria uma estrutura totalmente plana. Vamos dizer que as informações só usem um *hash* ou algo assim. Isso quer dizer que não existe nenhuma estrutura. É só esse documento, aquele documento, aquele documento e assim por diante. Então você vai ter pessoas que vão querer influenciar a criação de robôs para espalhar todo esse lixo por aí. Mas isso não está vinculado a nenhuma estrutura. Então como é que as pessoas chegam às informações? Será que ficam sabendo por amigos e vão dar uma olhada? Colocam um link no site delas?

ES: Isso cria um tipo de gráfico de influência.

JA: Isso. Existe um tipo de gráfico de influência que você usa para chegar à informação. Você pode inundar a internet com informações, mas isso não significa que você vai inundar o gráfico de influência com informações. São duas coisas bem diferentes.

ES: Mas essa é a história moderna do ranking nas buscas. A web está cheia de spams, mas os spams não atingem uma boa posição no ranking por causa da influência e da estrutura dos links e assim por diante. Acho bom pararmos por aqui, o sol está indo embora.

O processo é o resultado

JC: Enquanto caminhamos, posso fazer mais uma última pergunta que me ocorreu agora? Scott falou da subcultura que está se desenvolvendo em torno disso tudo, e é muito interessante para a gente explorar essa ideia no livro porque levanta a questão: é a subcultura que cria a demanda que leva à criação da tecnologia ou é a tecnologia que cria a subcultura? É uma discussão interessante de causa e efeito.

JA: Bom, dá para argumentar nas duas direções, mas acho que a tecnologia possibilita a subcultura. Quando você tem um bando de jovens capazes de comunicar livremente suas ideias e seus valores, a cultura surge naturalmente. Essa cultura nasce das experiências e da harmonização com outras culturas e outras coisas que já estão no registro histórico, mas também nasce da própria natureza dos jovens, do desejo de encontrar aliados, amigos, fazer parte de um processo e tirar o poder dos velhos!

LS: Hahahahaha.

SM: É impressionante como os velhos são tão pouco criativos.

ES: Na qualidade de um velho, eu concordo.

SM: Eu também sou velho.

ES: Acho que parte do seu argumento é que, com o modelo que você usa, o modelo de Stanford, você começa com os valores humanos e depois eles são cooptados, por assim dizer – termo meu, não seu –, pelo modelo de status. Você é forçado a entrar na estrutura[153]. O sistema de incentivos e as restrições colocam você nessa caixa, à medida que você vai envelhecendo.

JA: Isso mesmo. E com diferentes sistemas que potencializam modos diferentes de transmitir riqueza ou comunicar valores ou fazer alguns tipos de cognição de grupo serem mais eficientes do que outros.

ES: Certo. E o seu argumento é que, se você tiver gente suficiente desse novo grupo com o qual vocês se identifiquem, isso acaba levando a uma mudança sumária para esses sistemas complexos.

JA: Isso. Vai ser interessante ver se também teremos alguma mudança de Estado. Uma revolução é uma grande mudança de Estado. Tudo estava em um Estado, entra em colapso e passa para outro Estado. E essas transições são muito rápidas. Será interessante ver se teremos uma mudança cultural mais ampla, geral e globalizada com esse tipo de transição rápida. É possível.

ES: É... Uma coisa que aprendi é que as coisas acontecem rápido por causa da globalização, porque tudo está interligado. Não era assim antes.

JA: Informação, dinheiro e riqueza. O grande problema da globalização é que você pode sacanear e levar a sua grana para outro lugar. EFTs rápidos, movimentos rápidos de riqueza, assinatura rápida de contratos (que é um tipo de movimento de riqueza)... esse tipo de coisa incentiva o oportunismo[154]. Porque, se o dinheiro pode se mover mais rápido do que as sanções políticas, basta manter o dinheiro circulando pelo sistema, ir aumentando o dinheiro à medida que ele circula pelo sistema, ir aumentando cada vez mais o poder da sua riqueza e, quando acontecer a revolta moral para impedir isso, é tarde demais, o dinheiro já sumiu. Então o que está acontecendo agora na internet é que as sanções políticas... A propósito, uso o termo "político" no sentido australiano, sem envolver política partidária.

SM: Ah, isso é australiano?

ES: O corpo político.

JA: Exato, o corpo político. Hoje as sanções políticas são muito mais rápidas do que antes, talvez tão rápidas quanto o dinheiro. Não em termos de transferência individual, mas em termos dos complexos arranjos estruturais necessários para fazer as transferências, que podem levar um tempo.

SM: Quer fazer alguma outra pergunta, Eric? Você está começando a parecer o Columbo. Julian, você foi muito generoso com o seu tempo.

JC: Agradecemos muito.

LS: Você tem uma tornozeleira?

JA: Sim, na perna, uma tornozeleira eletrônica.

ES: Só por curiosidade, como você está se preparando para o próximo processo judicial que infelizmente vai ter de enfrentar? Os advogados vêm todo dia?

JA: Bom, eles não têm como vir de Londres todos os dias. Seriam oito horas de viagem por dia. Na verdade, eu acabei de demitir parte da minha antiga equipe de defesa.

ES: É, eu li sobre isso. Você acaba passando muito tempo ao telefone?

JA: Eles estavam cobrando, depois de me prometer que não cobrariam, 730 libras por hora para ficarem sentados num trem vindo de Londres.

ES: Entendi.

JA: Estou muito chateado com isso.

ES: Mas, no fim das contas, você acaba recebendo visitantes todos os dias? Ou isso é meio raro?

JA: O meu pessoal e assim por diante.

ES: Sei.

JA: Recebo visitas mais interessantes mais ou menos uma vez por semana.

ES: Bom, espero que tenha sido, pelo menos, uma distração!

[*Risos*]

JA: Eu não me importaria muito se tivesse um vazamento do Google, o que imagino que seria tudo o que o Patriot Act quer[155].

ES: O que seria [*sussurra*] ilegal...

[*Risos nervosos*]

JA: Depende da jurisdição...!

[*Risadas*]

ES: Somos uma empresa norte-americana...

JA: Existem leis superiores. A Primeira Emenda, sabe?

ES: Não. Na verdade, eu passei um bom tempo enrolado com essa questão porque fiz uma série de críticas ao Patriot I e ao Patriot II. Porque não são leis transparentes, porque as ordens do juiz ficam ocultas e por aí vai. A resposta é que as leis são muito claras para o Google nos Estados Unidos. A gente não tem como fazer isso. Seria ilegal.

JA: Estamos nesse caso agora, com o Twitter. Fizemos três audiências judiciais para tentar ter acesso aos nomes das outras empresas que cumpriram as intimações para o grande júri nos Estados Unidos. O Twitter resistiu à intimação e foi assim que ficamos sabendo[156]. Eles argumentaram que deveríamos ser informados da intimação. Eu não fui informado, mas três outras pessoas foram.

SM: E isso afeta você, afeta o WikiLeaks?

JA: Sim, isso me afeta pessoalmente. Mas sabemos de pelo menos quatro outras empresas.

ES: Posso transmitir o seu pedido ao nosso assessor jurídico geral.

JA: Mande a sua equipe jurídica dizer que a gente deveria ser informado.

ES: Então o que você está pedindo, especificamente, é que o Google argumente judicialmente...

JA: Isso.

ES: ... que o WikiLeaks, como uma organização, deve ser informado...

JA: Ou as pessoas físicas envolvidas.

ES: ... ou as pessoas físicas envolvidas, que eles foram mencionados num Fisa[157].

JA: Isso mesmo.

ES: Certo. Vou dar o recado[158].

JA: Ótimo.

ES: Vamos ver o que acontece!

JA: Diga para eles trazerem todos os outros também.

[*Risos*]

ES: Por que não deixamos para decidir isso depois? Vamos deixar o Julian voltar para o império dele. A outra coisa é, em termos das operações do WikiLeaks... Eu fico fazendo perguntas, é que fiquei curioso... como você consegue rodar o WikiLeaks? Você tem uma equipe, então precisa falar com eles.

JA: É.

ES: Você liga para eles? Acho que você pode fazer por e-mail e tudo mais, não é?

JA: Eu não uso e-mail.

ES: Porque está grampeado?

JA: É perigoso demais. O e-mail criptografado pode ser pior ainda, porque dá um *flag* para ataques ao *end point*. É como uma bandeirinha que levanta e diz: "Ataque aquele *end point*, ataque aquele *end point*, é um e-mail criptografado". Mas a gente tem telefones criptografados. Infelizmente, eles não funcionam em todos os países, mas o SMS funciona em todos os países.

ES: Quando você fala com alguém da sua equipe, costuma ser por telefone ou pessoalmente?

JA: Costuma ser pessoalmente. Agora eu preciso agir como o Osama Bin Laden.

JC: Qual é o tamanho da sua equipe, Julian?

JA: Umas vinte pessoas.

ES: Mais ou menos, então, se você fosse descrever, as pessoas vêm visitar você, você usa a tecnologia com cuidado para coordenar as coisas e sabe muito bem que está sendo observado e assim por diante.

JA: É.

ES: E já faz algum tempo que as coisas estão assim, eu acho. Pelo que andei lendo...

JA: Faz pelo menos um ano que está assim... Um dos nossos primeiros criptógrafos caiu numa emboscada armada pela inteligência britânica em um estacionamento em Luxemburgo, no início de 2008, e aquela foi a primeira ocasião concreta...

ES: O que eles fizeram?

JA: Ele foi seguido até um supermercado e, quando saiu do supermercado, eles estavam esperando ao lado do carro. Um homem com uns quarenta anos, relógio bonito, bons sapatos, confiante, alto, sotaque britânico... um James Bond. Um tipo bem estereotipado. Ele começou a fazer perguntas sobre o WikiLeaks e sobre mim e disse que seria do interesse do criptógrafo ir com ele, tomar um café e ter uma conversinha. Mas foi uma ameaça clara, no estacionamento de um supermercado. Ele podia ter feito a abordagem em qualquer outro lugar. Mas fez no estacionamento de um supermercado.

LS: Eles se identificou como sendo da inteligência britânica?

JA: Não. O criptógrafo saiu dizendo que não tinha interesse em homens.

[*Risos*]

LS: Como você sabe se venceu?

JA: Se eu venci? Se a gente venceu?

JC: A Lisa fez a melhor pergunta do dia.

ES: Como você sabe se vocês venceram?

JA: Não é possível vencer esse tipo de coisa. É uma luta constante, que as pessoas já vêm travando há um bom tempo. Claro que vencemos muitas batalhas individuais, mas é da natureza humana mentir, trapacear e enganar. Grupos organizados que não mentem, não trapaceiam e não enganam se descobrem e se reúnem. Como têm esse temperamento, eles são mais eficientes, porque não mentem uns para os outros nem enganam uns aos outros. É uma luta muito antiga entre oportunistas e colaboradores. Não acho que isso vai acabar um dia. Acho que podemos fazer alguns bons avanços, e quem sabe esses avanços e o envolvimento nessa luta serão bons para as pessoas. O processo faz parte do resultado. Não é só para chegar a algum lugar no fim. Esse processo de pessoas sentindo que vale a pena se envolver nesse tipo de luta acaba valendo a pena para as pessoas.

SM: É um resultado espiritual bem gratificante.

[*Risos*]

LS: Como fazemos para pegar o começo da conversa que você gravou para transcrever? Como você quer fazer isso?

JA: Posso passar para vocês agora. Talvez seja mais seguro assim.

LS: Pode ser? E a gente transcreve e manda para você? Tudo bem mandar por FedEx?

JA: Pode ser.

LS: Será que é... seguro?

[*Fim da fita*]

NOTAS

[1] "Sobre os autores", em Eric Schmidt e Jared Cohen, *The New Digital Age*, cit.
[2] Idem.
[3] O perfil de Shields na página da equipe do Conselho de Relações Exteriores está disponível em: <www.foreignaffairs.com>, <archive.today/YSNrj>.
[4] O perfil de Malcomson no site do International Crisis Group pode ser visto em: <www.crisisgroup.org>, <archive.today/ETYXp>.
[5] A gravação está disponível em: <www.wikileaks.org/Transcript-Meeting-Assange-Schmidt.html>.
[6] O livro acabou sendo publicado em abril de 2013 com o título *The New Digital Age: Reshaping the Future of People, Nations and Business* [no Brasil, *A nova era digital: como será o futuro das pessoas, das nações, e dos negócios*].
[7] *A nova era digital* acabou sendo publicado sem que eu fosse consultado, como havia sido combinado. A transcrição apresentada aqui foi produzida pela minha equipe.
[8] Tor é um software livre projetado para permitir que os usuários naveguem anonimamente pela internet. O Tor foi inicialmente patrocinado pelo Laboratório de Pesquisas Navais dos Estados Unidos. Para saber mais, veja o site do Tor Project, disponível em: <www.torproject.org/about/overview>.
[9] Odin, como Thor, é um deus nórdico.
[10] Para mais informações sobre o WikiLeaks, veja o site: <wikileaks.org>.
[11] O que se entende por "não linear" neste contexto é que a velocidade em que a informação se propaga não é constante, mas aumenta à medida que a informação se espalha por uma população. Por exemplo, se num dia uma pessoa espalha uma ideia para duas pessoas e, no dia seguinte, cada uma dessas três pessoas a espalha para mais duas pessoas e assim por diante, no primeiro dia três pessoas sabem dela, no segundo dia nove pessoas sabem dela, na primeira semana 2.187 pessoas sabem dela e em 21 dias todas as pessoas do planeta sabem (dada a população atual de 7,1 bilhões de pessoas). Literalmente, "não linear" significa "não pode ser representada graficamente em uma linha reta".
[12] O "Quarto Poder" é um termo informal que se refere a qualquer grupo fora da esfera das organizações governamentais ou políticas com certa influência sobre a política. O termo é utilizado normalmente para designar a imprensa.
[13] Para uma representação visual da pirâmide da censura, veja Marienna Popa-Weidemann, "Cypherpunks: Freedom and the Future of the Internet" (análise), *Counterfire*, 13 set. 2013, <archive.

today/Oyczc>. Para uma discussão mais detalhada dessa ideia, veja Julian Assange, Jacob Appelbaum, Andy Müller-Maguhn e Jérémie Zimmermann, *Cypherpunks*, cit., p. 123-4.

[14] "Distribuído no *front end*" é uma descrição técnica. O "*front end*" de um site é a parte visível para quem o visita através de um navegador. Na maioria dos sites de notícias, o *front end* e o *back end* do site ficam no mesmo local físico. Isso significa que é mais fácil censurar o site, porque ele só tem um ponto de vulnerabilidade. O WikiLeaks foi planejado para contornar a censura, por isso utiliza um modelo diferente, em que os *back ends* são escondidos e secretos e o *front end* é copiado em vários computadores diferentes. Consequentemente, mesmo que um dos computadores que hospeda o "*front*" seja atacado, as outras cópias são mantidas e o site continua disponível ao público. Além disso, o "*back*" continua secreto e novos *nodes*, ou nós, do "*front*" podem ser criados com facilidade.

[15] O "nome de domínio" é um nome humanamente legível de um site, como "wikileaks.org" ou "white house.gov". Todos os dispositivos conectados à internet recebem um endereço numérico, conhecido como endereço IP. Todos os sites são hospedados em computadores e podem ser acessados com um endereço IP. Por exemplo, "195.35.109.44" é um endereço IP do site WikiLeaks (apenas um dos vários *front nodes* do site). É difícil memorizar um endereço IP. Para resolver esse problema, foi inventado o "*domain name system*" ["sistema de nomes de domínio"] (DNS): um sistema que vincula "nomes de domínio" a endereços IP. Ao contrário dos endereços IP, que são automaticamente atribuídos sempre que um dispositivo se conecta à rede, você pode ter o nome de domínio que quiser, cadastrando-o num "*domain name registrar*" ["registrador de nomes de domínio"] por uma pequena taxa. Todos os nomes de domínio são incluídos num diretório global – semelhante a uma lista telefônica – que vincula cada nome de domínio ao endereço IP real de um site real. Quando "wikileaks.org" é digitado num navegador, o navegador primeiro faz uma "consulta" – ele entra em contato com um servidor DNS, que contém uma cópia do diretório global, e procura o nome de domínio "wikileaks.org" para encontrar o IP correspondente. Feito isso, o navegador carrega o site a partir desse IP. Quando um nome de domínio é traduzido num endereço IP, dizemos que ele foi "resolvido". Um "ataque de DNS" é uma tentativa de isolar um site interferindo no diretório que vincula o nome de domínio ao endereço IP, de modo que ele deixa de ser resolvido. No entanto, assim como existem muitas listas telefônicas diferentes, existem muitos servidores DNS diferentes. Tendo capacidade de trocar rapidamente de servidor DNS, podemos nos defender dos efeitos de um ataque de DNS e garantir que o site esteja sempre acessível.

[16] Teoricamente um "sistema de *cache*" é um sistema veloz que não contém informações, mas está vinculado a um sistema lento que contém informações. Quando um pedido de informação é enviado ao *cache*, inicialmente ele transmite a solicitação ao sistema lento, encaminha a resposta e fica com uma cópia. Quando outra solicitação é feita ao *cache*, ele envia rapidamente a cópia que foi feita na ocasião do pedido anterior. O WikiLeaks usa muitas tecnologias de blindagem de localização e criptografia que são capazes de retardar o acesso até o "*back end*", onde o conteúdo é gerado. Nesse contexto, um sistema de *cache* é projetado para ajudar a acelerar o sistema como um todo, para torná-lo mais útil, acelerando qualquer solicitação repetida, que é a maioria das solicitações.

[17] Um "servidor oculto", neste contexto, é um servidor que não pode ser acessado através da internet convencional. O WikiLeaks usava software customizado para ocultar parte de seus sites e torná-los inacessíveis à maior parte da internet. O "*back end*" do WikiLeaks – ou seja, o software que produz o site do WikiLeaks – era oculto. A partir do "*back end*" oculto, o conteúdo era levado aos *front nodes* por intermédio de "um sistema de *tunneling* através da rede Tor", em outras palavras, usando a rede Tor encriptada de ocultamento de localização para enviar o conteúdo aos servidores que o disponibilizavam para as pessoas. O conceito é similar ao de "serviço oculto do Tor". Veja o site do Tor Project: <archive.today/tmQ5y>.

[18] "DNS" é a sigla de *domain name system*. Para uma explicação mais completa, veja a nota 135, nas páginas 71-2, relativa ao "nome de domínio".

19 Um "*sacrificial front node*" é apenas uma cópia do *front end* do site (veja a nota 134, página 71, sobre o *front end*), que servirá de alvo para as entidades que tentam censurar o WikiLeaks. Os *front nodes* são baratos de configurar e podem ser copiados rapidamente a partir de um servidor oculto. O atacante perde muito tempo indo atrás dos *sacrificial front nodes* e, quando consegue derrubar um *front node*, outros entram no lugar dele, o que torna a censura cara e, no fim das contas, inútil.

20 Em meados da década de 2000, a Suécia era considerada um refúgio para usuários de internet: alta conectividade (cerca de 90% das residências suecas estão conectadas à internet) e políticas favoráveis à tecnologia implementadas pelo governo sueco. Muitos serviços virtuais sob ameaça de censura escolhiam a Suécia como abrigo eletrônico. Infelizmente, a transferência de serviços cada vez mais famosos para a Suécia acabou intensificando o conflito entre essa postura da Suécia e as relações geopolíticas do país, especialmente com os Estados Unidos. Isso levou a uma série de medidas repressivas (por exemplo, o julgamento do Pirate Bay), por pressão da Casa Branca, como mostram os comunicados diplomáticos publicados pelo WikiLeaks, e a fuga subsequente desses serviços. A Suécia tem uma população de apenas 9 milhões de pessoas, é geograficamente isolada e está perto da Rússia ressurgente. Em última análise, ela não tinha peso geopolítico para arriscar ofender seu maior aliado no campo militar e de inteligência, os Estados Unidos. Veja Rick Falkvinge, "Cable Reveals Extent of Lapdoggery from Swedish Govt on Copyright Monopoly", *Falkvinge & Co. on Infopolicy*, 5 set. 2011, <archive.today/r9jb4>.

21 "Número muito pequeno de saltos" significa que não havia muitos *relays* de comunicação entre os nós de front e o leitor.

22 Um "*denial of service attack*" ["ataque de negação de serviço"] (ou DoS) é uma tentativa de tornar um site inacessível enviando tantas solicitações de acesso que o site é incapaz de atender todas. É uma maneira de censurar um site, atingindo sua fonte e tirando-o do ar.

23 "Filtragem", ou controle de conteúdo, é quando um provedor bloqueia o acesso a um site. É uma maneira de censurar um site, colocando-se entre um usuário e um site e interferindo seletivamente no tráfego.

24 "Filtragem de DNS no nível do IP", neste contexto, significa que na prática o sistema de censura chinês bloquearia os endereços IP dos servidores DNS que resolviam o nome "wikileaks.org" para os endereços IP do site do WikiLeaks. O WikiLeaks contornou esse problema cadastrando-se em servidores DNS muito grandes, que possuíam até meio milhão de domínios. Se decidissem bloquear o IP desses servidores, os censores chineses causariam enormes danos colaterais, censurando centenas de milhares de outros sites junto com o WikiLeaks. Uma possível reação política contra uma medida como essa provavelmente os dissuadiu.

25 "Filtragem de conteúdo" significa bloquear um site com base em seu conteúdo, em vez de simplesmente bloquear o acesso a determinado nome de domínio ou endereço IP – por exemplo, bloquear todos os sites que mencionam o WikiLeaks.

26 "HTTPS" é a sigla de "*Hypertext Transfer Protocol Secure*" ["Protocolo Seguro de Transferência de Hipertexto"], um protocolo que criptografa as conexões entre um navegador e um servidor ou, neste caso, entre o navegador de uma pessoa que está na China e o servidor do WikiLeaks. O HTTPS impediu o governo chinês de analisar os dados que eram transferidos entre o navegador e o servidor e, portanto, de filtrar o conteúdo. No entanto, desde então, novas formas de atacar esse protocolo foram criadas.

27 "Mudar os IPs" significa mudar os endereços IP. O sistema de censura chinês tinha uma lista de endereços IP que deviam ser bloqueados. Ao mudar rapidamente para novos endereços IP, o site do WikiLeaks podia ser visto pelos usuários chineses, pelo menos até os censores descobrirem e bloquearem os novos endereços IP.

28 Um bloco de IP é um intervalo de endereços IP consecutivos, normalmente atribuído como um pacote a uma organização ou a um órgão público que deseja conectar vários dispositivos à internet e

precisa de um grande número de endereços IP. Neste caso, computadores na China tentavam periodicamente encontrar os endereços IP para o nome de domínio "wikileaks.org". O fato de todos esses computadores estarem no mesmo bloco IP indicava que uma única organização dentro da China estava fazendo pesquisas regulares sobre o "wikileaks.org". Esse foi o primeiro indício de que se tratava do sistema de censura chinês. Isso foi confirmado após uma investigação mais aprofundada.

29 Para bloquear o WikiLeaks na China, o sistema de censura chinês precisaria usar o sistema de nomes de domínio para procurar os endereços IP dos servidores do WikiLeaks e então bloqueá-los. No entanto, a solicitação de endereços IP do WikiLeaks era tão regular que era possível distinguir os censores do tráfego normal. Assim, foi possível enviar informações falsas aos censores sobre quais servidores eram controlados pelo WikiLeaks e levá-los a bloquear servidores falsos, não os reais. Isso não afetava os usuários chineses do site do WikiLeaks.

30 Fazer o próprio Ministério da Segurança Pública, que administra o sistema de censura chinês, adicionar *a si mesmo* à lista de sites que deviam ser censurados.

31 O general Sitiveni Ligamamada Rabuka liderou dois golpes de Estado nas ilhas Fiji em 1987 para derrubar o governo eleito, de etnia indiana, e substituí-lo por um grupo de fijianos nativos.

32 Objetos que estavam em cima da mesa foram usados na conversa para demonstrar conceitos por meio de suas relações espaciais.

33 "URL" é a sigla de "*uniform resource locator*" ["localizador padrão de recursos"], outra designação para um endereço de internet que pode ser lido por seres humanos, como, por exemplo: https://www.wikileaks.org/donate.

34 O "âmbito do platônico", neste contexto, refere-se ao universo de conhecimentos possíveis. A expressão teve origem na teoria das formas de Platão, mas o uso mais prazeroso dela é o famoso conto "A biblioteca de Babel", do autor argentino Jorge Luis Borges (1899-1986), disponível em: <archive.today/Fm4fM> [em inglês] [ed. bras.: *Ficções*, São Paulo, Companhia das Letras, 2007].

35 Veja a página do WikiLeaks sobre Nadhmi Auchi em: <archive.today/BkT0D>.

36 O Estrangulador de Boston foi um *serial killer* que agiu em Boston, no Estado de Massachusetts, no início dos anos 1960. Acredita-se que ele se passava por vendedor porta a porta para enganar as mulheres, que o deixavam entrar em casa.

37 A história teria fechado o círculo quando a juíza francesa de instrução, Eva Joly, começou a investigar bancos islandeses corruptos, concorreu à presidência da França em 2012, perdeu, elegeu-se ao Parlamento Europeu e depois foi à embaixada onde resido para tentar encontrar uma solução para os meus quatro anos de detenção sem acusação formal no Reino Unido.

38 O WikiLeaks recuperou esses artigos para o registro histórico. Veja <archive.today/oOCks>.

39 George Orwell, *Nineteen Eighty-Four* (Londres, Secker & Warburg, 1949) [ed. bras.: *1984*, São Paulo, Companhia das Letras, 2011].

40 *Bits*, neste contexto, é usado no sentido da teoria da informação, isto é, "tal informação".

41 "ISP" é a sigla de "*internet service provider*" ["provedor de acesso à internet"]. Neste contexto, um ISP é uma empresa que fornece links de comunicação ou espaço de servidor para um site rodar na internet. Quando escolhemos um ISP para uma operação de publicação como o WikiLeaks, temos de responder a perguntas difíceis, por exemplo: "Será que esse ISP vai ficar do meu lado contra tentativas de censura ou será que ele mesmo vai me censurar?".

42 As ilhas Turcas e Caicos são um território ultramarino britânico no Caribe.

43 Como as ilhas Turcas e Caicos são território britânico, a Coroa – a monarquia britânica – é formalmente proprietária das terras públicas.

44 O Pirate Bay foi lançado em 2003 pelo meu amigo Gottfrid Svartholm (apelido "anakata"), que também trabalhou para o WikiLeaks como consultor. Posteriormente ele foi processado pela Suécia, por pressão dos Estados Unidos (documentada em comunicados diplomáticos divulgados pelo WikiLeaks), preso no Camboja pelo serviço de inteligência sueco (Sapo), voltou a ser proces-

sado na Suécia e foi extraditado para a Dinamarca, onde está sendo julgado. O Pirate Bay é um BitTorrent *tracker* que possibilita o compartilhamento de grandes arquivos entre computadores conectados à internet, coordenando a comunicação entre eles. O site, bloqueado em muitos países, pode ser encontrado em: <www.thepiratebay.se>. Veja Kristina Svartholm, "Gottfrid Svartholm Warg: a Year of His Life from His Mother's Perspective", WikiLeaks, 18 ago. 2013, <is.gd/h2MeG4>. Veja também Rick Falkvinge, "Cable Reveals Extent of Lapdoggery from Swedish Govt on Copyright Monopoly", *Falkvinge & Co. on Infopolicy*, 5 set. 2011, <archive.today/r9jb4>.

45 Além de sua associação com o Pirate Bay e a PRQ, Gottfrid Svartholm foi consultor do WikiLeaks e colaborou na divulgação do vídeo "Collateral Murder" (veja a nota 237, página 141; o vídeo pode ser encontrado em: <youtube/5rXPrfnU3G0>). A maioria das pessoas citadas nos créditos de "Collateral Murder" foi perseguida. O próprio Gottfrid enfrentou longas batalhas judiciais. Para mais informações e documentos sobre o processo judicial contra Gottfrid, veja: "Prosecution and Prison Documents for Pirate-Bay Founder Gottfrid Svartholm Warg (alias Anakata)", WikiLeaks, 19 maio 2013, <archive.today/aOsLB>.

46 Para mais informações sobre a PRQ, visite seu site (www.prq.se). Para mais informações sobre a Bahnhof, visite seu website (www.bahnhof.net).

47 O Kavkaz Center relata os acontecimentos na Chechênia de uma perspectiva islâmica. Para mais informações, veja <archive.today/djebS>. O Rick A. Ross Institute for the Study of Destructive Cults, Controversial Groups, and Movements [Instituto Rick A. Ross para o Estudo de Seitas Destrutivas, Movimentos e Grupos Controversos] hoje é conhecido como Cult Education Institute [Instituto de Educação sobre Seitas]. Para mais informações, veja <archive.today/8PQ4K>.

48 O *Malaysia Today* é um blog de notícias muito popular na Malásia. Em 2008, o governo bloqueou temporariamente o blog e seu fundador, Raja Petra Kamarudin, passou meses na prisão. Para mais informações, veja <archive.today/6S0QZ>.

49 Um "espelho" é uma cópia exata de um site.

50 Um "*backup* criptografado" é uma cópia do material que é mantida à parte, para o caso de acontecer alguma coisa com o original. A cópia é criptografada com uma senha ou chave secreta, e só pessoas que tenham acesso à chave podem decodificar e ler o conteúdo.

51 "FTP" é a sigla de "*file transfer protocol*" ["protocolo de transferência de arquivos"], um dos métodos utilizados para enviar arquivos pela internet. Ele não é usado pelo WikiLeaks, mas é usado por Schmidt como exemplo de um método de envio de arquivos pela internet.

52 "Ataques ao *end point*" (ou seja, um *spyware* implantado por uma agência de inteligência ou vírus) são ataques que visam comprometer um dos "*end points*" – em outras palavras, tanto o computador que envia as informações quanto o computador que as recebe. Quando dois computadores se comunicam utilizando uma criptografia robusta e devidamente executada, é inviável se colocar entre eles para interceptar e ler o conteúdo da comunicação. A única maneira de ler esse conteúdo é realizando um ataque ao *end point*.

53 Isso significa que você não precisa se preocupar com a possibilidade de as informações terem sido alteradas de alguma forma pelas empresas e sistemas de telecomunicações que as transferem ou armazenam.

54 Uma "*flood network*" [literalmente, "rede inundada"] distribui informação através de *hosts* que enviam cada um uma cópia de qualquer informação nova a todos os outros *hosts* a que estiverem conectados. Assim, a rede parece um rio inundado, empurrando e levando água para todos os seus afluentes. Se não houver *hosts* isolados, todos os *hosts* acabarão recebendo as novas informações, à medida que a informação percorre os caminhos. Como todos os caminhos entre os *hosts* são percorridos, o caminho mais rápido também é percorrido.

55 Um "algoritmo *hash*" ou "função *hash*" é uma fórmula que pega dados de qualquer tamanho e os transforma em um "*hash*": um número (representado por uma sequência de caracteres de compri-

mento padrão) que pode ser usado para se referir aos dados originais. Um exemplo de *hash* não seguro no dia a dia é o uso de siglas para designar nomes muito longos, como, por exemplo, "Otan" para se referir à "Organização do Tratado do Atlântico Norte". Nesse caso, a fórmula é muito simples: "pegue a primeira letra de cada palavra". "Funções *hash*" típicas são fórmulas matemáticas para pegar informações de comprimento arbitrário e transformá-las em um *hash* único, de comprimento curto e fixo. Um *hash* seguro utiliza uma fórmula tão complexa que, embora um computador comum possa criar um *hash* com base em um *input*, nem o computador mais potente seria capaz de fazer o caminho inverso – em outras palavras, ele seria incapaz de criar o *input* original com base em seu *hash* específico. No exemplo da Otan, um computador seria incapaz de encontrar "Organização do Tratado do Atlântico Norte" ou outra alternativa, como "Obama Tem Aspectos Negativos". Naturalmente, "pegar a primeira letra de cada palavra" não é uma função *hash* segura, porque é fácil ir do *hash* para o *input* em que ele se baseia, mas isso não vale para as funções *hash* seguras. Um *hash* seguro tem dezenas de caracteres de comprimento, ao contrário do nosso exemplo de quatro caracteres, e é difícil para uma pessoa lembrar-se dele. Por exemplo, o *hash* SHA256 para a localização secreta do próximo megavazamento do WikiLeaks é: 66d9563648f3f23b2c90065a831e9357f2721bd3965b95e1e88a7e510c76026a. Tente descobrir o *input* desse *hash*. A dificuldade filosófica que está em discussão aqui é conhecida como "triângulo de Zooko".

[56] Neste contexto, "assinar" significa que o autor ou o editor da informação usa um esquema de assinatura digital para produzir uma "assinatura" eletrônica publicável, provando que o *hash* foi criado por ele. Veja "Public-Key Cryptography", Wikipedia, <archive.today/2ue3r>.

[57] O BitTorrent é um protocolo de compartilhamento de arquivos *peer-to-peer* que possibilita que usuários da internet compartilhem arquivos de forma descentralizada. O desenvolvimento do protocolo BitTorrent foi motivado pela necessidade de um método distribuído de compartilhamento de arquivos que não dependesse de um ponto único de falha. O "*magnet link*" ["link ímã", em tradução livre] é uma extensão do protocolo BitTorrent criado para proporcionar uma eficácia ainda maior contra a censura. Um *magnet link* é um *hash* seguro (e outras informações, mas isso não é importante aqui) de um arquivo. Ele é usado como um "nome de arquivo" por versões mais recentes do protocolo BitTorrent para encontrar cópias do arquivo solicitado localizado em vários computadores não confiáveis sem passar por um diretório central. Desse modo, não há um ponto central de ataque que possa ser utilizado para censurar a distribuição de determinados arquivos. Do modo como foram desenvolvidos, os *magnet links* são uma evolução na direção de uma nomeação padronizada do conteúdo intelectual.

[58] Uma *hash tree* é uma estrutura hierárquica composta de *hashes* de *hashes*.

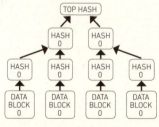

Nessa ilustração de uma *hash tree*, cada unidade acima dos blocos de dados contém o *hash* das informações das unidades abaixo dela. Desse modo, o Hash 0-0 contém o *hash* do Bloco de Dados 1, o Hash 0 contém o *hash* do Hash 0-0 e do Hash 0-1 e assim por diante. Veja "Merkle Tree", Wikipedia, <archive.today/zfXgV>. Com uma "*hash tree* distribuída", os *hashes* que compõem a árvore são distribuídos em vários computadores.

59 Em outras palavras, usando um esquema de autenticação digital, o WikiLeaks publica uma assinatura digital do *hash* para informar que aquele *hash* corresponde a um documento que o WikiLeaks autenticou e publicou – do mesmo modo que um selo editorial na capa de um livro, mas impossível de falsificar.

60 Utilizando um sistema de nomeação como o que é proposto, em que o nome é um *hash* baseado no conteúdo da coisa que ele nomeia, se o conteúdo for alterado, o *hash* também mudará. Por exemplo, o *hash* SHA256 para a frase "*Putin rode a horse*" ["Putin andou a cavalo"] é 1284ffaa1 6df7c406c4528045e491f86cc3c57a9661a203aa97914c19a09a0df. Mas se a mensagem for adulterada, o *hash* muda. O *hash* SHA256 para "*Putin rogered a horse*" ["Putin transou com um cavalo"] é 9b24760c2ae1eba3cb8af2a8d75faadd5cd4dcb492fdb31ce60caafa3eb8597e. Da mesma forma, se o conteúdo for completamente apagado, o *hash* permanece como um lembrete de que o conteúdo existiu, e como um sinal de que informação foi suprimida.

61 O Bitcoin é um tipo de moeda digital baseado em criptografia. Como qualquer outra moeda, o Bitcoin pode ser trocado por dólares ou outras moedas, ou então usado para fazer compras, mas não está ligado a um banco central e, diferentemente das moedas fiduciárias, o Bitcoin não é controlado por poder de Estado. O artigo mencionado é um post no Bitcoin Forum, em que se discutiu o desenvolvimento do Namecoin, outra moeda similar derivada do conceito do Bitcoin. Veja <archive.today/aY5j0>.

62 "Os *cypherpunks* defendem a utilização da criptografia e de métodos similares como meio para provocar mudanças sociais e políticas. Criado no início dos anos 1990, o movimento atingiu seu auge durante as 'criptoguerras' de 1990 e após a censura da internet em 2011, na Primavera Árabe. O termo *cypherpunk* – derivação (criptográfica) de *cipher* (escrita cifrada) e *punk* – foi incluído no *Oxford English Dictionary* em 2006" (Julian Assange, Jacob Appelbaum, Andy Müller-Maguhn e Jérémie Zimmermann, *Cypherpunks*, cit.).

63 Nenhum computador isolado é fonte de todos os Bitcoins, ao contrário da maioria das moedas, para as quais existe uma única organização (uma casa da moeda central) responsável pela emissão de todo o dinheiro. Em vez disso, considerando que a unidade fundamental de um Bitcoin se baseia em encontrar *hashes* especiais, qualquer computador com poder de processamento suficiente pode "garimpar" ou produzir Bitcoins. Para saber mais, veja o item "Mining" da página informativa do Bitcoin em: <archive.today/LidYs>.

64 Uma colisão entre *hashes* é quando dois textos são codificados para gerar o mesmo *hash*. Por exemplo, se a nossa função *hash* é "pegar a primeira letra de cada palavra", um exemplo de uma colisão seria: *hash*(Organização do Tratado do Atlântico Norte) = Otan = *hash*(Obama Tem Aspectos Negativos). Por definição, um *hash* seguro impossibilita as colisões, mas o Bitcoin utiliza um algoritmo conhecido como *HashCash*, no qual a dificuldade do problema da colisão é regulada para ser cada vez mais improvável com o passar do tempo, mas não impossível. Computadores conectados ao sistema Bitcoin processam continuamente números à procura de colisões entre *hashes* especiais. Quando encontram uma, um Bitcoin é criado. Esse trabalho computacional requer eletricidade, de modo que a escassez de Bitcoins é derivada da escassez de energia, proporcionando um limite físico intransponível para a velocidade com que os Bitcoins podem ser criados. De maneira similar, a energia necessária para garimpar ouro ou prata cria uma escassez para esses metais, impossibilitando uma inflação súbita.

65 No dia em que ocorreu esta conversa, o Bitcoin estava cotado acima do dólar norte-americano e havia se igualado ao euro. No início de 2014, o Bitcoin subiu para mais de US$ 1.000, caindo depois para US$ 430, quando outras criptomoedas derivadas do Bitcoin começaram a decolar. Investimentos estratégicos do WikiLeaks tiveram um retorno de 8.000% em três anos, ajudando-nos a sobreviver ao bloqueio financeiro extralegal a que fomos submetidos nos Estados Unidos.

66 O termo "chave pública" é derivado da criptografia de chave pública, também conhecida como

criptografia de chave assimétrica, que é um sistema de codificação que utiliza uma combinação de duas chaves diferentes: uma chave privada e uma chave pública. Veja "Public-Key Cryptography", Wikipedia, <archive.today/WwkHK>. Um exemplo de criptografia de chave pública que foi desenvolvido para os e-mails é o programa de criptografia de código aberto e distribuição livre Pretty Good Privacy (PGP), originalmente desenvolvido por Phil Zimmermann. Para mais informações, veja o site da OpenPGP Alliance (www.openpgp.org).

[67] Mais uma vez, objetos que estavam em cima da mesa são utilizados como exemplo na conversa.

[68] Em outras palavras, se alguém fizer uma cópia de um Bitcoin, como saber qual Bitcoin é verdadeiro e qual é cópia? A resposta está no design. O Bitcoin é uma rede *peer-to-peer*, sem nenhuma autoridade central por trás dela. O histórico econômico do Bitcoin – quais Bitcoins pertencem a quais contas – é distribuído a computadores não relacionados por todo o mundo. Daí o "problema de sincronização": todos os computadores devem atualizar constantemente suas informações uns com os outros para garantir que todos tenham a mesma perspectiva da história econômica do universo do Bitcoin. Desse modo, chega-se a um consenso, entre todas as máquinas conectadas à rede Bitcoin, sobre quais transações de Bitcoin são válidas e quais são falsas.

[69] Se você quiser saber por que os nomes de domínio curtos são tão valiosos, imagine se o endereço do seu site fosse www.onomededominiomaiscompridodomundoemaisalgumacoisaemaisalguma coisaemaisalgumacoisae.com, especialmente se você só souber digitar catando milho.

[70] Uma "tupla", neste contexto, é apenas um nome, um par de valores. Por exemplo: (nome, número de telefone) ou (nome de domínio, endereço IP) ou, neste caso, (nome memorizável por um ser humano, *hash* seguro).

[71] O termo "Primeira Emenda" (duas palavras) representa na verdade todo o conteúdo da Primeira Emenda à Constituição dos Estados Unidos, que é: "O Congresso não aprovará lei dispondo sobre o estabelecimento de uma religião; nem proibindo seu livre exercício; nem cerceando a liberdade de expressão ou de imprensa; nem o direito que tem o povo de reunir-se pacificamente e exigir do governo a correção de agravos". Seu *hash* SHA256 é 69be9b199c542c56183c408a23d7fd41f c878ec2634be6583db1659fb0e91063.

[72] Em 2011, a RSA Security, que presta serviços de criptografia a órgãos públicos, fornecedores das Forças Armadas e bancos, foi hackeada e uma série de chaves privadas foram roubadas. Posteriormente, divulgou-se que as chaves roubadas foram usadas para invadir empresas como, por exemplo, a Lockheed Martin.

[73] Isso ainda não estava confirmado no momento em que este livro foi escrito, embora autos de processos posteriores tenham revelado que mandados sigilosos exigindo a entrega de chaves de criptografia foram emitidos contra outras empresas norte-americanas. Veja o caso Lavabit, em Megan Geuss, "Lavabit Goes Head-to-Head with Feds in Contempt-of-Court Case", *Ars Technica*, 29 jan. 2014, <archive.today/zLrEs>.

[74] "Rede de confiança" é um modelo descentralizado de confiança utilizado com a PGP (Pretty Good Privacy) e que evita a dependência de uma hierarquia ou autoridade central. É um modelo público de relações de confiança entre os usuários impossível de falsificar, porque se baseia numa criptografia robusta. No entanto, a criptografia também garante que as relações de confiança, uma vez publicadas, sejam extensivamente inegáveis: elas não podem ser falsificadas. Se você é alguém que precisa realmente usar criptografia, talvez não tenha de se dar ao trabalho de autenticar e publicar criptograficamente suas relações de confiança com seus "coconspiradores".

[75] "SSH" significa "*secure shell*". Trata-se de um protocolo utilizado para estabelecer uma conexão criptografada entre computadores. O SSH pode ser usado como um "*shell* remoto", um programa que permite ao usuário conectar-se remotamente a outro computador e controlá-lo enviando comandos. Os programas originais de *shell* remoto, como "RSH" ou "telnet", usavam conexões não seguras, o que significa que atacantes poderiam interceptar a conexão e subvertê-la. O SSH, que

foi inventado nas criptoguerras dos anos 1990 pelo programador finlandês Tatu Ylönen, usa conexões criptografadas, impedindo ataques como esses. Quando o SSH se conecta pela primeira vez a um computador remoto, ele aprende a chave pública desse computador. Depois disso, cada vez que se conecta a ele, verifica se o computador e a chave original estão de acordo para garantir que nenhum atacante esteja alterando a conexão. Se a primeira conexão não foi interceptada, nenhuma outra conexão subsequente pode ser.

76 Em sistemas de chaveamento oportunista tradicionais, como o SSH, a conexão inicial é a mais vulnerável. Se um atacante informar uma chave falsa na conexão inicial, ele pode interferir em todas as suas conexões subsequentes sem ser detectado. A ideia aqui é usar uma "*flood network*" para compartilhar chaves, usando automaticamente as experiências alheias para criar um consenso sobre as chaves verdadeiras. Desse modo, mesmo na conexão inicial, o atacante poderá ser detectado com facilidade. Essa ideia pode ser vista na prática em uma variante do SSL chamada Tack (Trust Assertions for Certificate Keys), de Moxie Marlinspike. Veja <www.tack.io>.

77 Na verdade, o artigo em questão é um post sobre o desenvolvimento do Namecoin (<archive.today/aY5j0>). Para saber mais sobre as ideias por trás do Namecoin, não deixe de ler o *thread* do Bitcoin Forum: "BitDNS and Generalizing Bitcoin" (<archive.today/9kEmz>). Também vale a pena ler o artigo visionário de Aaron Swartz sobre o "triângulo de Zooko" (Aaron Swartz, "Squaring the Triangle: Secure, Decentralized, Human-Readable Names", aaronsw.com, <archive.today/pIvtj>).

78 "In Conversation with Julian Assange Part I", WikiLeaks, 23 maio 2011, <archive.today/E9IOb>.

79 O ISP em questão é o Noor Group. Na verdade, o ISP tinha cerca de 8% de participação no mercado.

80 O conceito básico é conhecido como "rede *mesh*" [ou "rede de malha"]. Cada celular se comunica por meio dos outros celulares que estão ao seu alcance, em vez de ter se comunicado por intermédio de antenas e redes de uma empresa de telefonia móvel.

81 "GSM" é a sigla de "Global System for Mobile Communications" ["Sistema Global para Comunicações Móveis"] e é o padrão mais usado de telecomunicações móveis no mundo. Um celular GSM não passa de um aparelho celular comum.

82 Torres pertencentes às companhias de telefonia móvel.

83 Por exemplo, para fazer economia de escala, os fabricantes de celular tendem a fabricar celulares que funcionarão na maioria dos países. Isso significa que o celular deve ser compatível com várias frequências e tipos de padrões de codificação sem fio utilizados em cada país, da mesma forma como um adaptador universal de tomadas tem pinos adaptáveis para a utilização em tomadas elétricas de diferentes países.

84 O WiMAX é o padrão Worldwide Interoperability for Microwave Access [Interoperabilidade Mundial para Acesso de Micro-ondas], um padrão de codificação de comunicação de dados sem fio que funciona a distâncias maiores que os padrões mais utilizados atualmente.

85 Veja OpenBTS em: <www.openbts.org>.

86 Um exemplo recente aconteceu em São Francisco, em 2011. Para frustrar o #OpBART, uma manifestação contra uma série de mortes a tiros cometidas por policiais da Rapid Transit Police [Polícia de Trânsito Rápido], da Baía de São Francisco, as autoridades fecharam várias estações-base que cobriam o sistema de transporte de São Francisco.

87 Um "túnel", neste contexto, é um canal de comunicação entre duas partes através de relés de terceiros.

88 "UDP" é a sigla de "*User Datagram Protocol*" ["Protocolo de Datagrama de Usuário"], um protocolo simples e rápido utilizado para o envio de um único pacote de dados de um *host* na internet para outro.

89 Ou seja, escolhendo endereços de internet aleatórios.

90 A maioria dos usuários de internet está protegida por um "*firewall*" ou outro mecanismo (como o "Network Address Translation", também conhecido como NAT) que bloqueia o recebimento de

91 Neste contexto, "servidor" é um computador conectado à internet capaz de aceitar conexões de entrada.
92 A largura de banda é pequena porque os dados enviados são mínimos, já que são compostos concisamente de texto cifrado codificado num pacote UDP.
93 Um "*killer application*" ["aplicativo matador"], ou "*killer app*", é um programa de computador tão útil ou popular que, por si só, faz valer a pena ter tudo que é associado a ele.
94 Em outras palavras, sem se restringir ao UDP, o que significa que pessoas utilizando diferentes tipos de conexões também poderiam se comunicar.
95 O "TCP", ou "*Transmission Control Protocol*" ["Protocolo de Controle de Transmissão"], é o protocolo mais comum de internet. É usado, por exemplo, para transmitir a maior parte do conteúdo de um site. É mais complexo que o UDP.
96 Em outras palavras, o problema não é a capacidade limitada das comunicações eletrônicas.
97 Um "*pipe*", neste contexto, significa que basta um único link internacional de telecomunicações para que a informação possa sair do país e entrar na rede mais ampla.
98 "Arquitetura" é um jargão técnico para se referir ao "projeto", ou "design", de alguma coisa.
99 O conservador António de Oliveira Salazar foi primeiro-ministro e, na prática, ditador de Portugal de 1932 a 1968. Seu Estado Novo sobreviveu a ele até 1974, quando foi derrubado por um golpe militar de esquerda e a democracia foi restabelecida. Depois de um golpe de Estado em 1967, a Grécia foi governada por uma junta militar apoiada pelos Estados Unidos e conhecida como o "Regime dos Coronéis"; foi derrubada por um levante democrático, também em 1974. Foi um período importante para o sul da Europa. O ditador espanhol Francisco Franco morreu um ano depois, em 1975, entregando o poder ao rei Juan Carlos I, que auxiliou no processo de restauração da democracia espanhola. O período foi analisado em profundidade pelos Kissinger Cables do WikiLeaks. Veja <www.wikileaks.org/plusd>.
100 Em 1991, quando Phil Zimmermann lançou o PGP, os programas de criptografia eram considerados munição de acordo com a legislação federal norte-americana e não podiam ser exportados. Como o PGP estava na internet e alguém fora dos Estados Unidos havia baixado o programa, considerou-se que Zimmermann havia exportado o programa. Como consequência, ele passou três anos sendo investigado por um grande júri federal nos Estados Unidos. Nos anos 1990, a NSA e o FBI promoveram uma campanha para impedir a propagação da criptografia que ficou conhecida como as "criptoguerras" (para saber mais sobre as criptoguerras, veja a nota 236, página 135). Quando a prescrição expirou, Zimmermann admitiu ter feito intencionalmente o upload do PGP na tentativa de espalhar a criptografia antes de que ela fosse banida.
101 *O senhor das moscas* é um romance de William Golding sobre um grupo de meninos abandonados numa ilha deserta; ele mostra o lado mais sombrio da natureza humana quando as restrições sociais desmoronam. Veja William Golding, *Lord of the Flies* (Londres, Faber & Faber, 1954) [ed. bras.: *O senhor das moscas*, Rio de Janeiro, Nova Fronteira, 2010).
102 "Protein Synthesis: An Epic on the Cellular Level", Stanford University Department of Chemistry, 1971. Disponível em: <youtube/u9dhO0iCLww>.
103 Dependendo de como são feitos os cálculos, a renda média de um homem entre meados e fim de 1970. Veja Carmen DeNavas-Walt, Bernadette D. Proctor e Jessica C. Smith, *Income, Poverty, and Health Insurance Coverage in the United States: 2012*, Washington, DC, US Department of Commerce, Economics and Statistics Administration/US Census Bureau, set. 2013, p. 50, <is.gd/

xJ9wPV>. Veja também Katie Sanders, "Time's Rana Foroohar Says Median Male Worker Hasn't Seen a Raise in 30 Years", *PolitiFact*, 15 jan. 2014, <archive.today/u6q5b>.

[104] "IRS" é o Internal Revenue Service, agência do governo norte-americano responsável pela cobrança de impostos.

[105] Grupo de computadores conectados entre si pela internet no qual cada computador só conhece o endereço de alguns dos computadores que participam da rede *darknet* mais ampla. É difícil para um governo censurar uma *darknet*, mas, por outro lado, uma *darknet* também é comparativamente difícil de acessar. O I2P é um exemplo de *darknet* (www.i2p2.de).

[106] "FOI" é a sigla de "*freedom of information*" ["liberdade de informação"]. Uma "requisição FOI" é uma solicitação de informações do registro público legalmente disponíveis em países que possuem leis de Liberdade de Informação.

[107] "UK Ministry of Defence Continually Monitors WikiLeaks: Eight Reports into Classified UK Leaks, 29 Sep 2009", WikiLeaks, 30 set. 2009, <archive.today/6pMbw>.

[108] A BT, antiga British Telecom, é a maior companhia de telecomunicações do Reino Unido e uma das maiores do mundo.

[109] Greg Mitchell, *So Wrong for So Long: How the Press, the Pundits – and the President – Failed on Iraq* (Nova York, Union Square Press, 2008).

[110] Veja uma discussão mais aprofundada dessa ideia em Raffi Khatchadourian, "No Secrets: Julian Assange's Mission for Total Transparency", *New Yorker*, 7 jun. 2010, <archive.today/zZYqJ>.

[111] Geoffrey Miller foi o general de divisão do Exército dos Estados Unidos que comandou as prisões da Baía de Guantánamo (Gitmo) e Abu Ghraib, no Iraque. Donald Rumsfeld foi secretário de Defesa dos Estados Unidos de 2001 a 2006 (e, anteriormente, de 1975 a 1977).

[112] "Camp Delta Standard Operating Procedure", WikiLeaks, 7 nov. 2007, <archive.today/P9HMH>. Veja também Julian Assange e Daniel Mathews, com Emi Maclean, Marc Falkoff, Rebecca Dick e Beth Gilson (conselho de *habeas corpus*), "Changes in Guantanamo Bay SOP manual (2003-2004)", WikiLeaks, 3 dez. 2007, <archive.today/b3A1g>.

[113] Referência às pessoas mais próximas da linha de frente. Originalmente, era uma referência aos mineiros que removiam o carvão da superfície da mina.

[114] A Conferência de Wannsee foi um encontro de altos oficiais nazistas em que se planejou a execução da "Solução Final", levando ao extermínio, nos campos de concentração, de milhões de judeus da Europa ocupada.

[115] A frase "a banalidade do mal" é do livro *Eichmann em Jerusalém: um relato sobre a banalidade do mal*, da filósofa política Hannah Arendt. A frase passou a se referir à banalidade impensável vista com frequência na desumanidade sistematizada, que parece surgir de processos de abstração, dissimulação, habituação ou outros processos de normalização.

[116] Referência às "criptoguerras" da década de 1990. Quando os ativistas *cypherpunks* começaram a distribuir ferramentas criptográficas robustas, na forma de software livre, o governo norte-americano tomou medidas para impedir a utilização eficaz dessas ferramentas. Eles classificaram a criptografia como munição e restringiram sua exportação; tentaram introduzir tecnologias concorrentes com falhas deliberadas para que os órgãos responsáveis pela ordem pública pudessem decriptar as informações; e tentaram introduzir o controverso esquema "*key escrow*" ["retenção de códigos privados"]. Por um breve período após a virada do século, acreditou-se que essas tentativas haviam sido derrotadas. No entanto, uma "segunda criptoguerra" está sendo travada neste exato momento, envolvendo medidas legislativas, técnicas e sigilosas, para acessar dados indiretamente ou marginalizar o uso da criptografia.

[117] "Collateral Murder" é um vídeo divulgado pelo WikiLeaks que foi gravado por um helicóptero das Forças Armadas norte-americanas no Iraque e mostra imagens de uma matança indiscriminada de civis, entre eles dois jornalistas da Reuters. No momento em que escrevo este livro, o vídeo

foi visualizado mais de 14 milhões de vezes no YouTube. "Collateral Murder – WikiLeaks – Iraq" (vídeo), upload em 3 abr. 2010, <youtube/5rXPrfnU3G0>.

[118] O número informado em julho de 2010 era de 854 mil de pessoas. Veja Dana Priest e William M. Arkin, "A Hidden World, Growing beyond Control", *Washington Post*, 19 jul. 2010, <archive.today/3C0wq>. Em 2014, esse número já havia subido para 1,5 milhão de pessoas. Veja Brian Fung, "5.1 Million Americans Have Security Clearances. That's More Than the Entire Population of Norway", *Washington Post*, 24 mar. 2014, <archive.today/46So6>.

[119] Na ocasião da conversa, em 2011, esse número era 2,5 milhões de pessoas, de acordo com um relatório de 2009 do Government Accountability Office [responsável pelo controle das contas públicas]. Veja Steven Aftergood, "More Than 2.4 Million Hold Security Clearances", *Secrecy News*, 29 jul. 2009, <archive.today/kThm8>. No entanto, em setembro de 2011, novos dados foram divulgados, elevando o número para 4,2 milhões. Veja Steven Aftergood, "Number of Security Clearances Soars", *Secrecy News*, 20 set. 2011, <archive.today/Hw6x2>. Em 2014, o número tinha subido para 5,1 milhões, constituindo praticamente um Estado dentro do Estado, com uma população maior que a da Noruega. Veja Brian Fung, "5.1 million Americans Have Security Clearances. That's More Than the Entire Population of Norway", *Washington Post*, 24 mar. 2014, <archive.today/46So6>.

[120] Por exemplo, o *New York Times* se vangloriou de que a Casa Branca "nos agradeceu pelo tratamento cauteloso que demos aos documentos". "The War Logs Articles", *The New York Times*, 25 jul. 2010, <archive.today/a2lVO>.

[121] *Amnesty International Report 2011: The State of the World's Human Rights* (relatório), Anistia Internacional, maio 2011, p. xiv-xvi, <is.gd/C4JNVP>. Veja também "WikiLeaks: The Secret Life of a Superpower", episódio 1 (documentário), BBC, transmissão original em 21 mar. 2012, <archive.today/pKuQZ>. Se preferir ler uma transcrição, as legendas do programa estão disponíveis no site da Amara (<archive.today/uak1V>). Veja também "Deconstructing Tunileaks: An Interview with Professor Rob Prince, University of Denver", *Nawaat*, 20 dez. 2010, <archive.today/5TiD4>. Veja também Lina Ben Mhenni, "Tunisia: Censorship Continues as WikiLeaks Cables Make the Rounds", *Global Voices Advocacy*, 7 dez. 2010, <archive.today/MW9aR>.

[122] "The Looting of Kenya under President Moi", WikiLeaks, 30 ago. 2007, atualizado em 9 set. 2007, <archive.today/JdHZ4>. Veja também "Kenyan Presidential Election, 2007", Wikipedia, <archive.today/TEj60>. Veja também "2007-08 Kenyan Crisis", Wikipedia, <archive.today/Rgg1g>. Veja também "Corruption in Kenya", Wikipedia, <archive.today/b7ve8>. Veja também Xan Rice, "The Looting of Kenya", *The Guardian*, 31 ago. 2007, <archive.today/VR7V1>. Veja também Nick Wadhams, "Kenyan President Moi's 'Corruption' Laid Bare", *Telegraph*, 1º set. 2007, <archive.today/KxkB1>. Veja também Barney Jopson, "Kenya Graft in Spotlight", *Financial Times*, 31 ago. 2007, <archive.today/k2t0i>.

[123] Desde que foi criado, o WikiLeaks sempre defendeu um ambiente de publicação liberalizado. Além da demonstração prática da liberdade de expressão, as contribuições mais notáveis do WikiLeaks foram a publicação de listas de censurados na internet e a atuação de seu fundador como consultor na Icelandic Modern Media Initiative [Iniciativa Islandesa para a Modernização dos Meios de Comunicação]. Veja "Internet Censorship", WikiLeaks, <archive.today/EfZ6g>. Veja também Julian Assange, "WikiLeaks Editor: Why I'm Excited about Iceland's Plans for Journalism", *The Guardian*, 15 fev. 2010, <archive.today/lK3u2>. Veja também Chris Vallance, "WikiLeaks and Iceland MPs Propose 'Journalism Haven'", BBC, 12 fev. 2010, <archive.today/cOjgM>. Veja também International Modern Media Institute, em: <www.immi.is>.

[124] O Banco Julius Baer (BJB) foi o maior grupo bancário privado da Suíça. Em 2008, o WikiLeaks publicou documentos que mostravam que pessoas físicas e jurídicas associadas ao BJB estavam

cometendo evasão fiscal, e envolviam contas fiduciárias mantidas nas Ilhas Cayman. O grupo bancário reagiu, conseguindo um mandado de segurança contra a Dynadot, a DNS californiana do WikiLeaks. A ação gerou protestos e o mandato foi cassado depois que uma coligação de editores, entre eles a Associated Press, apresentou um *amicus curiae* ao Tribunal. O BJB acabou desistindo do processo. Veja Bank Julius Baer & Co. Ltd. et al. *versus* WikiLeaks et al., JUSTIA Dockets & Filings, <archive.today/BEaNB>. Veja também "Full Correspondence between WikiLeaks and Bank Julius Baer", WikiLeaks, 19 fev. 2008, <archive.today/3k3Lf>. Veja também Kim Zetter, "Cayman Islands Bank Gets WikiLeaks Taken Offline in U.S. – Updated with Links", *Wired*, 18 fev. 2008, <archive.today/vND8k>.

[125] Logo depois da tentativa fracassada de censurar o WikiLeaks, o Banco Julius Baer cancelou seu IPO (oferta pública de ações) nos Estados Unidos. Veja Securities and Exchange Commission, Form S-1, Julius Baer Americas Inc., 6282 (Primary Standard Industrial Classification Code Number), <archive.today/WaUt1>. Veja também Christopher Condon, "Baer to Sell up to $1 Billion in U.S. Fund Unit (Update3)", *Bloomberg*, 12 fev. 2008, <archive.today/cowj2>. Veja também Richard Koman, "Bank That Censored WikiLeaks Was Preparing for IPO", ZDNet, 20 fev. 2008, <archive.today/r2rur>.

[126] Veja a transcrição da coletiva de imprensa. "DOD News Briefing with Geoff Morrell from the Pentagon" (transcrição), US Department of Defense, 5 ago. 2010, <archive.today/nHyaW>. A entrevista coletiva também pode ser vista no YouTube: "Pentagon Press Conference re: WikiLeaks Part 1 of 4" (vídeo), upload em 26 set. 2010, <youtube/DJe_Q8XFIHI>.

[127] The Iraq War Diaries, WikiLeaks, 22 out. 2010, <warlogs.wikileaks.org>.

[128] O clube em questão é o Frontline Club, um clube exclusivo para associados muito popular entre jornalistas e repórteres de guerra, localizado no distrito de Paddington, em Londres. A maioria das grandes coletivas de imprensa do WikiLeaks foi realizada nesse clube (www.frontlineclub.com).

[129] Em 1994, em aproximadamente cem dias, os hutus assassinaram entre 500 mil e 1 milhão de tútsis, o que representava até 20% da população de Ruanda.

[130] Veja, por exemplo, "Assorted Plans and Papers from the Iranian Ammunition Industries Group, 2009", WikiLeaks, 17 jul. 2009, <archive.today/Ycl1m>. Veja também Julian Assange, "Serious Nuclear Accident May Lay behind Iranian Nuke Chief's Mystery Resignation", WikiLeaks, 17 jul. 2009, <archive.today/wCbof>.

[131] As publicações do WikiLeaks podem ser pesquisadas por país em: <www.wikileaks.org/wiki/Category:Countries>. Para exemplos de países africanos, veja WikiLeaks, <archive.today/reC33>. Para exemplos do Timor-Leste, veja WikiLeaks, <archive.today/vQtYO>.

[132] RuLeaks, disponível em: <www.ruleaks.net>.

[133] O FSB [Federal'naya sluzhba bezopasnosti Rossiyskoy Federatsii] é o Serviço Federal de Segurança da Federação Russa, sucessor da KGB.

[134] As primeiras publicações do WikiLeaks, em 2006, foram da Somália e envolviam o Conselho Supremo das Cortes Islâmicas da Somália. Alguns dos documentos vazados eram provenientes da China. Veja WikiLeaks, <archive.today/ewGbU>. Veja também "Inside Somalia and the Union of Islamic Courts", WikiLeaks, <archive.today/emqVb>.

[135] Veja a lista de publicações do WikiLeaks em 2007 em: <archive.today/zER02>.

[136] A porcentagem correta de reconhecimento do nome WikiLeaks nos Estados Unidos era 81%, de acordo com um levantamento da Ipsos publicado em abril de 2011. O reconhecimento global era 79%, chegando a 92% na Austrália. Veja "Ipsos Global @dvisory: Julian Assange and WikiLeaks", *Ipsos*, 26 abr. 2011, <archive.today/BnV1S>.

[137] De 1983 a 1997, Eric Schmidt trabalhou na Sun Microsystems Inc., onde, no cargo de diretor geral de tecnologia e diretor executivo corporativo, liderou o projeto de desenvolvimento da linguagem de programação Java.

[138] Antes de ser contratado por Larry Page e Sergey Brin para comandar o Google, em 2002, Eric Schmidt foi CEO e presidente do conselho da Novell.

[139] Para mais exemplos, veja o site do cabledrum: <www.cabledrum.net/pages/censorship.php>. O cables.mrkva.eu e o cablegatesearch.net são excelentes maneiras de comparar versões editadas com versões integrais de comunicados diplomáticos para ver o que foi cortado pelos parceiros de mídia do WikiLeaks.

[140] Neste exemplo, o comunicado diplomático original tinha 5.226 palavras. Já a versão editada e publicada pelo *Guardian* tinha apenas 1.406 palavras. Para ler o comunicado diplomático original, veja o ID canônico: <05SOFIA1207_a>, Public Library of US Diplomacy, WikiLeaks, <archive.today/ryqvN>. Para a versão editada do *Guardian*, veja: "US Embassy Cables: Organised Crime in Bulgaria", *The Guardian*, 1º dez. 2010, <archive.today/faYa6>. Para ler o artigo do *Guardian* baseado no comunicado diplomático, veja: "WikiLeaks Cables: Russian Government 'Using Mafia for Its Dirty Work'", *The Guardian*, 1º dez. 2010, <archive.today/WYKEe>. A extensão da edição pode ser vista no website do Cablegatesearch, que mostra o histórico das revisões, com as edições destacadas em rosa (archive.today/rdVYl). Esse exemplo búlgaro é discutido pela Bivol, um parceiro de mídia búlgaro do WikiLeaks, "Unedited Cable from Sofia Shows the Total Invasion of the State by Organized Crime (Update: Cable Comparison)", *WL Central*, 18 mar. 2011, <archive.today/kmvLt>. Veja também "*The Guardian*: Redacting, Censoring or Lying?", *WL Central*, 19 mar. 2012, <archive.today/YR3VN>. Também digno de nota, nos comentários aos dois artigos do *WL Central*, o comentário de David Leigh, jornalista do *Guardian*, e as respostas.

[141] Para ver o comunicado diplomático original, veja o ID canônico: <10ASTANA72_a>, Public Library of US Diplomacy, WikiLeaks, <archive.today/VSyHl>. Para a versão editada do *Guardian*, veja "US Embassy Cables: Kazakhstan – the Big Four", *The Guardian*, 29 nov. 2010, <archive.today/O08ut>. A edição pode ser vista no site do Cablegatesearch, que mostra o histórico das revisões, com as edições destacadas em rosa (archive.today/Nm1k4).

[142] Um documentário coproduzido pelo WikiLeaks e pela Sixteen Films, *Mediastan* (2013), apresenta uma entrevista com Alan Rusbridger, editor do *Guardian*, na qual Rusbridger explica as razões da autocensura no *Guardian*. Esse trecho está disponível no YouTube: "Mediastan: The Rushbridger [*sic*] Extract" (vídeo), upload em 11 out. 2013, <youtube/ZNgFDFibit0>.

[143] Para uma discussão mais aprofundada dessa ideia, com exemplos mais específicos, veja Julian Assange, Jacob Appelbaum, Andy Müller-Maguhn e Jérémie Zimmermann, *Cypherpunks*, cit., p. 121-2.

[144] Um vídeo do YouTube pode ser incorporado num site para ser visualizado diretamente nesse site, sem que o usuário tenha de ir ao site do YouTube.

[145] O YouTube é propriedade do Google.

[146] "Massive Takedown of Anti-Scientology Videos on YouTube", *Electronic Frontier Foundation*, 5 set. 2008, <archive.today/fQ1Do>.

[147] "IA" é a sigla de "inteligência artificial".

[148] O *pump and dump* é um golpe clássico no mercado de ações, no qual o golpista compra ações de baixa liquidez e em seguida "infla" (*pump*) as ações espalhando boatos de que elas estão para subir. Se o boato cola, muitas pessoas compram as ações, as ações sobem e o golpista "despeja" (*dump*) as suas ações, vendendo ao preço inflado, antes que desabem para o preço normal.

[149] "OCR" é a sigla de "*optical character recognition*" ["reconhecimento óptico de caracteres"], uma maneira de traduzir imagens de texto (como imagens escaneadas) em caracteres que o computador é capaz de reconhecer. O advento do e-mail e, com ele, do spam proporcionou aos golpistas novas maneiras de praticar o "*pump*". Para contornar os filtros de spam, que procuram palavras-chave relacionadas a ações no mercado financeiro, os golpistas passaram a enviar spams como arquivos de imagem GIF, criados para serem ilegíveis para máquinas que utilizam a tecnologia OCR, mas continuam sendo legíveis para as vítimas humanas.

[150] Sobre o incidente envolvendo a HBGary, veja o capítulo 5.
[151] Uma investigação da Associated Press revelou que, de 2004 a 2009, o gasto das Forças Armadas norte-americanas para "conquistar corações e mentes" cresceu 63%, ou seja, US$ 4,7 bilhões. O pessoal ligado às relações públicas, publicidade e recrutamento do Departamento de Defesa – 27 mil pessoas – era quase tão grande quanto toda a força de trabalho do Departamento de Estado. Naquele ano, um único projeto tentou apresentar na mídia mais de 10 mil artigos de relações públicas para influenciar a opinião pública, dos quais 5.400 comunicados de imprensa, 3 mil comunicados na TV e 1.600 entrevistas. Veja "Pentagon Spending Billions on PR to Sway World Opinion", *Fox News*, 5 fev. 2009, <archive.today/30Npv>.
[152] "MOU between Raila Odinga and Muslims", WikiLeaks, 14 nov. 2007, <archive.today/giXkU>.
[153] Referência à parte da conversa sobre a cultura na Universidade de Stanford em 1971.
[154] "EFT" é a sigla de "*electronic funds transfer*" ["transferência eletrônica de fundos"].
[155] Para entender o contexto, veja o capítulo 5.
[156] Para saber mais sobre o "caso da intimação ao Twitter", veja o capítulo 5.
[157] Neste caso específico, "um Fisa" é uma maneira abreviada de dizer "uma requisição da Fisa", em outras palavras, uma requisição judicial de registros eletrônicos sob os termos da Fisa. "Fisa" é a sigla de Foreign Intelligence Surveillance Act ["Lei de Vigilância de Inteligência Estrangeira"], uma lei dos Estados Unidos que autoriza vigilância física e eletrônica e ficou mundialmente conhecida depois dos vazamentos de Snowden sobre o modo como agem a Fisa e o tribunal da Fisa. Para uma descrição mais aprofundada da Fisa, veja "Surveillance Under the Foreign Intelligence Surveillance Act (FISA)", *Electronic Frontier Foundation*, <archive.today/ibU4C>.
[158] Para conhecer o contexto, veja o capítulo 5.

4
Livrai-nos do "não seja mau"

Os leitores talvez queiram saber como o WikiLeaks e suas causas foram apresentados no livro *A nova era digital*, para comparar com a conversa original.

Levantando a questão do WikiLeaks, uma espécie de tabu nos círculos do Departamento de Estado norte-americano, Schmidt e Cohen acharam necessário se desculpar. "Independente do nosso posicionamento sobre a questão", explicam, "não podemos deixar de mencionar o que os ativistas pró-liberdade da informação podem tentar fazer no futuro e, para isso, Assange é um bom ponto de partida". Na opinião deles, "uma maior transparência em todas as coisas [para] levar a um mundo mais justo, seguro e livre" é "um modelo perigoso": "os governos têm sistemas e regulações valiosas que, embora imperfeitos, devem continuar governando as decisões sobre o que é e o que não é confidencial"[1].

Tendo tranquilizado o leitor, eles apresentam um resumo educado e magnânimo. Citam a minha observação de que a civilização humana se desenvolve com base nos registros intelectuais, o que nos obriga a tornar esse registro o mais extenso, pesquisável e resistente à censura possível. Eles descrevem um dos fundamentos teóricos do WikiLeaks, de que a divulgação de informações só pode prejudicar organizações envolvidas em atos que não contam com o apoio do público, e que essas organizações não podem deixar de produzir esse material incriminador, se querem manter a eficiência. E explicam minhas preocupações no que se refere à censura pela complexidade, na qual arranjos extremamente complexos, como o que existem no setor financeiro *offshore*, são ostensivamente abertos, porém completamente impenetráveis.

Apresentado esse resumo, os autores usam o WikiLeaks para se posicionar. Concluem precipitadamente que é "lastimável" que "pessoas como Assange e organizações como o WikiLeaks estejam bem posicionadas para tirar proveito de algumas das mudanças da próxima década"[2].

Por que eles acham que isso é lastimável? Schmidt e Cohen se valem da visão desacreditada do Pentágono em 2010: "As informações divulgadas pelo WikiLeaks põem vidas em risco"[3]. O texto não apresenta nenhuma evidência – e, de qualquer maneira, referências categóricas e incondicionais ao risco são intelectualmente vazias –, mas há uma nota de rodapé. Infelizmente, qualquer pessoa que espera encontrar pelo menos a fonte dessa acusação ficará decepcionada. "No mínimo", lê-se na nota de rodapé, "plataformas como o WikiLeaks e hackers que divulgam material confidencial roubado de governos capacitam ou incentivam a espionagem"[4].

Espionagem é, obviamente, diferente de pôr "vidas em risco" – uma acusação vaga fundamenta outra acusação vaga –, mas os autores, também nesse caso, não apresentam nenhuma evidência de que o WikiLeaks "capacita" a espionagem. Embora seja incoerente comparar a publicação com a venda privada de segredos a Estados, é exatamente isso que fazem Schmidt e Cohen.

Acusações de espionagem têm graves consequências. Chelsea Manning cumpre uma sentença de prisão de 35 anos, depois de sua condenação graças a criativas acusações de espionagem. Um dos principais objetivos dos advogados de acusação no julgamento de Manning foi me enredar nas mesmas acusações de espionagem, criminalizando ao mesmo tempo a denúncia e a publicação das informações.

Schmidt e Cohen perguntam aos seus leitores "O que dá a Julian Assange, especificamente, o direito de decidir quais informações são de interesse público?" e "O que acontece se a pessoa que toma esse tipo de decisão estiver disposta a aceitar os danos incontestáveis que serão causados a inocentes em consequência de suas revelações?"[5]. No entanto, as imputações de "dano" dos autores divergem até mesmo do governo norte-americano. O general de brigada Robert Carr, da contraespionagem norte-americana, foi obrigado a admitir no julgamento de Manning, sob juramento, que, apesar de uma busca minuciosa e, presume-se, politicamente desesperada, não se encontrou nenhum caso de indivíduos fisicamente lesados em consequência das publicações do WikiLeaks[6]. Um alto funcionário da Otan em Cabul afirmou à CNN, em outubro de 2010, que "não houve um único caso de afegão que tivesse precisado de proteção ou tivesse de ser transferido em consequência do vazamento de informações"[7].

Se Schmidt e Cohen não acreditam que "Julian Assange, especificamente", deveria decidir quais informações são relevantes para o público, então a quem cabe essa decisão? Na maioria das sociedades, decisões como essas cabem a editores e jornalistas independentes do governo, como todo editor e jornalista deveria ser. Talvez Schmidt e Cohen acreditem no jornalismo, mas não "especificamente" no jornalismo praticado pelo WikiLeaks. Infelizmente, não.

A instituição à qual, segundo eles, cabe decidir quem deve publicar e o que deve ser publicado é o Estado.

Editores denunciantes, dizem eles, precisam de "supervisão", se querem ter um papel positivo na sociedade. Quanto a quem deve conduzir essa supervisão, eles sugerem "um corpo central que facilite a divulgação de informações"[8]. Não são dados outros detalhes e nenhum dos óbvios perigos dessa visão totalitária é discutido.

Escrevendo antes do vazamento realizado por Edward Snowden, Schmidt e Cohen especulam que vazamentos futuros seriam menos prováveis, porque governos e empresas "estão cientes agora dos riscos possibilitados por uma segurança cibernética complacente"[9]. Eles se perguntam se organizações de publicação não censuráveis, como o WikiLeaks, proliferarão – uma "ideia fascinante e assustadora" – e concluem que isso não acontecerá nos países desenvolvidos, mas alguns países em desenvolvimento "vivenciarão sua própria versão do fenômeno WikiLeaks", à medida que se conectarem à rede[10].

"Organizações que não podem consistentemente atrair grandes vazamentos de informações perderão atenção e financiamento e, lenta mas seguramente, acabarão atrofiadas", explicam os autores. "Assange descreveu essa dinâmica, do ponto de vista da sua organização, como positiva, porque proporcionou um controle sobre o WikiLeaks que sem dúvida os manteve em ação. 'São as fontes que decidem o que fazer', ele disse. 'Somos disciplinados pelas forças do mercado'."[11]

Na verdade, eu disse: "Somos disciplinados pelo mercado das fontes" – um erro sem muita importância. Contudo, segue-se uma grave calúnia: "Assange nos contou que editou apenas para reduzir a pressão internacional, que o estava estrangulando financeiramente, e disse que teria preferido não editar"[12].

Isso é falso, mas não demorou para o trecho ser citado em várias publicações, como a revista *Foreign Policy*, em campanhas de pré-lançamento do livro de Schmidt e Cohen, com a chamativa manchete: "O dinheiro foi a única razão por que Julian Assange editou os arquivos do WikiLeaks"[13].

Segue o trecho relevante da transcrição:

Julian Assange: A questão é: será que as fontes escolheriam outro grupo, que poderia publicar o material sem nenhum procedimento de minimização dos danos? A resposta é: sim. Mas vocês precisam entender a principal razão por que usamos procedimentos de minimização de danos. Não é porque o material que publicamos tem um risco razoável de causar danos em consequência da divulgação. Isso é muito raro. Existe, ao contrário, um risco provável de que, se não tivermos esse tipo de comportamento, nossos adversários vão se aproveitar e tentar desviar a atenção do público das revelações que publicamos – questões muito importantes –, questionando se existe potencial de dano e se a publicação é hipócrita – considerando que queremos promover a justiça – e se a organização é hipócrita. Então, muitos dos procedimentos que usamos não são apenas para tentar minimizar os riscos das pessoas mencionadas no material, mas sim para minimizar o risco de oportunistas tentarem reduzir o impacto do material quando ele é publicado. Então, parte do trabalho que fazemos para maximizar o impacto envolve impedir esse tipo de ataque ao que publicamos. Desse ponto de vista, as fontes das informações vão entender que fazemos isso para maximizar o impacto. Agora, dito isso, nós não removemos nenhuma informação permanentemente. Nós só postergamos a divulgação dos dados editados. Postergamos até a situação de segurança mudar e podermos divulgar a informação.

Eric Schmidt: Então dá para dizer que mais cedo ou mais tarde todas as coisas que vocês editaram vão ser disponibilizadas?

Julian Assange: Isso mesmo. [...] Me incomoda editar qualquer dado. É uma situação muito, muito delicada. E eu já disse que fazemos isso não só para minimizar os danos, mas por questões de ordem política, para impedir que as pessoas desviem a atenção da parte importante do material enfatizando a questão dos riscos.

Não há nenhuma base para afirmar que eu apenas editei informação para reduzir a pressão financeira e internacional sobre o WikiLeaks ou sobre mim.

Schmidt e Cohen se perguntam: "A reação seria diferente, especialmente por parte dos governos ocidentais, se o WikiLeaks tivesse publicado documentos confidenciais roubados dos regimes da Venezuela, Coreia do Norte e Irã?". Eles mesmos respondem à pergunta:

> Levando-se em conta o precedente estabelecido pelo presidente Obama em seu primeiro mandato – uma postura clara de "tolerância zero" em relação a vazamentos de informações confidenciais provenientes de funcionários públicos dos Estados Unidos –, seria de se esperar que os futuros governos ocidentais adotem uma posição dissonante em relação às divulgações digitais, encorajando-as no exterior, em países antagônicos, mas combatendo-as com ferocidade em seu próprio país.[14]

Mais adiante, os autores dão uma demonstração prática desse tipo de postura de dois pesos e duas medidas. Embora Schmidt e Cohen afirmem que o WikiLeaks é "um modelo perigoso", que "põe vidas em risco" e "capacita ou incentiva a espionagem", eles não veem problema em se basear em documentos divulgados pelo WikiLeaks para demonstrar que a China está usando projetos de infraestrutura para "estender sua pegada à África" e sua "influência na internet"[15].

Eles voltam ao tema do WikiLeaks em um capítulo surreal, intitulado "O futuro do terrorismo: a ascensão dos hackers terroristas". Sem dar exemplos históricos dos hackers "terroristas" a que se referem, eles usam "o WikiLeaks [...] e seus aliados hackers simpatizantes" como "um exemplo ilustrativo". Referem-se aos protestos de negação de serviço realizados pelo Anonymous durante a "Operation Avenge Assange" ["Operação Vingar Assange"], que foi uma reação ao bloqueio bancário extralegal contra o WikiLeaks. Os autores se esquecem de mencionar o fato, mas o protesto ocorreu enquanto eu estava detido sem acusação formal, no fim de 2010. Três anos e meio se passaram, mas o processo judicial contra os jovens supostamente envolvidos na operação, os "PayPal 14", continua[16].

Os autores insinuam que uma ação direta na internet, com motivação política, situa-se no espectro do terrorismo. Embora Schmidt e Cohen digam que o WikiLeaks e o Anonymous não sejam grupos terroristas *per se*, "é possível afirmar que os hackers que se envolvem em atividades como roubar e publicar na internet informações pessoais e confidenciais podem muito bem ser". A fronteira entre "os hackers inofensivos e os perigosos são cada vez mais indistintas na era pós-11 de Setembro", eles insistem, ocupados em tornar essas mesmas fronteiras ainda mais indistintas[17].

A discussão sai do WikiLeaks e do Anonymous para entrar imediatamente nas avenidas mais especulativas do pânico moral, o que deixa claro que Schmidt e Cohen não fizeram a lição de casa:

> Se hoje ouvimos falar de muçulmanos de classe média que moram na Europa e vão para o Afeganistão para treinar em acampamentos terroristas, podemos imaginar o inverso no futuro. Afegãos e paquistaneses irão para a Europa para aprender a ser ciberterroristas. Ao contrário dos campos de treinamento militar, com estandes de tiro, muros de escalada e pistas de obstáculos, os campos de treinamento ciberterrorista podem ser tão genéricos quanto salas equipadas com laptops, organizados em Londres ou Paris por grupos de estudantes de pós-graduação descontentes e tecnicamente qualificados. Hoje, é possível encontrar campos de treinamento terrorista usando imagens de satélite; já os campos de treinamento cibernéticos seriam indistinguíveis de qualquer cibercafé.[18]

A NOVA ERA DIGITAL APÓS SNOWDEN

Em um "Posfácio à edição em brochura", publicado depois das primeiras revelações de Edward Snowden, Schmidt e Cohen voltaram à questão dos vazamentos, mas dessa vez abandonaram a ideia de que os vazamentos serão menos prováveis no futuro. Afirmam que "sempre haverá pessoas demais com acesso a informações demais para que os vazamentos em massa possam ser impedidos [...] teremos mais Assanges e Snowdens no futuro"[19].

Eternos otimistas, os autores dizem que o resultado do debate sobre as revelações de Snowden será positivo para o Ocidente: "Acreditamos que no final será demonstrado que, nos Estados ocidentais com histórico de proteção à privacidade, cidadãos e líderes do governo conseguirão ajustar com o tempo o equilíbrio entre liberdade e segurança". Quem mora nos Estados Unidos terá mais sorte ainda, porque, "mesmo que os instrumentos de vigilância estejam se tornando cada vez mais sofisticados, os Estados Unidos, com seu histórico de equilíbrio entre a manutenção da segurança pública e preservação da privacidade [...] têm condições de recalibrar adequadamente a balança". Apesar de todas as evidências de que o maior sistema de vigilância da história da humanidade está sendo construído nos Estados Unidos, Schmidt e Cohen insistem numa visão binária de Estados bons – "nos quais os líderes empresariais e governamentais atuam em uma cultura de prestação de contas, transparência e escolha" – e Estados maus, como a China.

E a responsabilidade das empresas de tecnologia? Schmidt e Cohen se referem à minha resenha do livro para sugerir que "não entendem como grandes empresas de tecnologia podem ameaçar a liberdade das pessoas", mas afirmam que isso "desvia a nossa atenção do verdadeiro problema"[20]. Mencionam Edward Snowden, insistindo que as empresas de tecnologia "têm a 'obrigação ética' de se manifestar mais sobre as intimações que recebem", mas observam: "Não nos parece que esses argumentos sejam válidos". Por que não? Os autores não explicam, apenas observam que "todos nós – cidadãos, empresas e governo – ainda [estamos] em busca do caminho", o que na verdade implica uma responsabilidade ainda maior. Os autores preferem falar de uma profunda lição que propõem ao governo norte-americano: o governo "precisa abrir espaço para os cientistas da computação na Sala de Comando da Casa Branca". Eles não dizem que gigante da internet levaria seus especialistas para junto do presidente dos Estados Unidos.

A realidade é que, se no cenário otimista de Schmidt e Cohen houver realmente uma "recalibração" da balança entre liberdade e segurança, isso só acontecerá em virtude da coragem do senhor Snowden e de seus "cúmplices"[21]. Assim, é estranho que os autores critiquem Snowden por não agir "com mais responsabilidade" no que se refere a "revelações que podem ameaçar a segurança nacional" e façam questão de destacar a "ironia" do fato de ele estar na Rússia[22]. Eles parecem confusos, contudo, porque dizem ao mesmo tempo que estão satisfeitos com o fato de que "o debate sobre vigilância que tivemos como país desde então tem sido muito mais sólido"[23].

Lendo isso, é fácil esquecer que o Google recebeu dinheiro da NSA por seu papel no programa de espionagem Prism[24]. Se o presidente do conselho do Google queria realmente um debate sólido que suscitasse "mais responsabilidade", podemos perguntar por que ele mesmo não iniciou esse debate quando, em um dia de verão de 2011, eu pedi que ele fornecesse provas do que estava acontecendo. Agora há um Google Ideas.

Notas

[1] Eric Schmidt e Jared Cohen, *The New Digital Age*, cit., p. 39-40.
[2] Ibidem, p. 41.

3   Ibidem, p. 163.
4   Ibidem, capítulo 5, nota 3, p. 163.
5   Ibidem, p. 42.
6   Ed Pilkington, "Bradley Manning Leak Did Not Result in Deaths by Enemy Forces, Court Hears", *The Guardian*, 31 jul. 2013, <archive.today/lYznz>.
7   Adam Levin, "Gates: Leaked Documents Don't Reveal Key Intel, But Risks Remain", *CNN*, 17 out. 2010, <archive.today/HzJxM>.
8   Eric Schmidt e Jared Cohen, *The New Digital Age*, cit., p. 42.
9   Ibidem, p. 44.
10 Ibidem, p. 42 e 44.
11 Ibidem, p. 45.
12 Ibidem, p. 47.
13 John Hudson, "Eric Schmidt: Money Is the Only Reason Julian Assange Redacted WikiLeaks Files", *Foreign Policy*, 19 abr. 2013, <archive.today/UGU5E>.
14 Eric Schmidt e Jared Cohen, *The New Digital Age*, cit., p. 47.
15 Ibidem, nota 111, em referência a p. 110. "Chinese Telecom Was Contacted: WikiLeaks Cable, 'Subject: Stifled Potential: Fiber-Optic Cable Lands in Tanzania, Origin: Embassy Dar Es Salaam (Tanzania), Cable time: Fri. 4 Sep 2009 04:48 UTC,' http://www.cablegatesearch.net/cable.php?id=09DARESSALAAM585".
16 Eles estão sendo processados nos termos da mesma lei que levou à morte do ativista Aaron Swartz, a Computer Fraud and Abuse Act, ou CFAA [Lei de Fraude e Abuso de Computadores].
17 Eric Schmidt e Jared Cohen, *The New Digital Age*, cit., p. 163.
18 Ibidem, p. 165.
19 Ibidem, "Afterword for the Paperback Edition" [Prefácio para a edição em brochura].
20 Veja o capítulo 2.
21 "Cúmplices" foi o termo empregado pelo general James Clapper, diretor da Inteligência Nacional dos Estados Unidos, para se referir às pessoas que ajudaram Edward Snowden. Veja D. S. Wright, "General Clapper Labels Journalists Snowden's 'Accomplices'", *FireDogLake*, 30 jan 2014, <archive.today/91i07>.
22 Em vez de destacar, digamos, a "ironia" do fato de que os Estados Unidos não são um lugar seguro para exercer o direito de liberdade de expressão garantido pela Primeira Emenda à Constituição do país ou a "ironia" do fato de que a União Europeia parece tão comprometida por suas relações geopolíticas com os Estados Unidos que nenhuma nação da Europa, exceto a Rússia, aceitou o pedido de asilo de Edward Snowden.
23 "Afterword for the Paperback Edition", em Eric Schmidt e Jared Cohen, *The New Digital Age*, cit..
24 Ewen MacAskill, "NSA Paid Millions to Cover Prism Compliance Costs for Tech Companies", *The Guardian*, 23 ago. 2013, <archive.today/wNBZE>.

Charge de OperationPaperStorm, dez. 2010.

5
Breve histórico do caso Estados Unidos *versus* WikiLeaks

Em vários pontos deste livro há referências a eventos recentes da história do WikiLeaks e suas ações de publicação. Essas referências podem ser obscuras para leitores não familiarizados com a história do WikiLeaks, por isso foram resumidas aqui.

A missão do WikiLeaks é receber informações de denunciantes e jornalistas censurados, divulgá-las ao público e defender-se dos inevitáveis ataques legais e políticos. Estados e organizações poderosas se empenham sistematicamente em abafar as publicações do WikiLeaks e, sendo um canal de publicação "de último caso", o WikiLeaks foi criado para resistir a esse tipo de dificuldade.

Em 2010, o WikiLeaks fez suas publicações mais famosas até o momento, revelando um abuso sistemático do sigilo oficial do governo e das Forças Armadas dos Estados Unidos. Essas publicações ficaram conhecidas como Collateral Murder, War Logs e Cablegate e estavam em andamento na ocasião da conversa que tive com Eric Schmidt[1]. O governo norte-americano e seus aliados reagiram com ações contínuas e coordenadas com o intuito de destruir o WikiLeaks.

O grande júri contra o WikiLeaks

Como consequência direta das ações de divulgação do WikiLeaks, o governo norte-americano lançou uma investigação criminal, conduzida por vários órgãos diferentes, contra Julian Assange e o pessoal do WikiLeaks, seus defensores e supostos associados.

Um grande júri foi reunido na cidade de Alexandria, Estado da Virgínia, com o apoio do Departamento de Justiça dos Estados Unidos e do FBI, para investigar a possibilidade de acusar Julian Assange e outros, inclusive de conspiração sob os termos da Espionage Act [lei norte-americana de espionagem] de 1917. Nenhum juiz ou advogado de defesa esteve presente nos atos processuais do Grande Júri.

Autoridades do governo classificaram a investigação como "de escala e natureza sem precedentes".

Desde então, nas audiências do comitê congressional, os membros do Congresso têm sugerido que a Lei de Espionagem seja usada como uma ferramenta contra jornalistas que "em sã consciência publicam informações vazadas", o que sugere que essa abordagem esteja para ser regularizada no sistema judiciário norte-americano[2].

A equipe do WikiLeaks e seus associados foram secretamente monitorados na Alemanha e, posteriormente, na Islândia[3]. Em setembro de 2010, quando Julian Assange viajava de Estocolmo para Berlim, três laptops criptografados do WikiLeaks, nos quais havia material jornalístico confidencial e até mesmo evidências de um crime de guerra, desapareceram enquanto estavam sob custódia das autoridades aeroportuárias. Em 2013, o WikiLeaks entrou com uma queixa criminal contra as autoridades suecas e alemãs envolvidas no incidente[4].

Em agosto de 2011, seis agentes do FBI e dois promotores do Departamento de Justiça dos Estados Unidos foram de jato particular à Islândia para conduzir interrogatórios secretos relacionados à investigação sobre o WikiLeaks, sem informar ao governo islandês. Quando descobriu a ação, o governo islandês expulsou os agentes norte-americanos[5]. Eles levaram consigo um adolescente islandês, Sigurdur Thordarson, que continuou a ser interrogado na Dinamarca e foi subornado para entregar discos rígidos que estavam em seu poder e continham dados roubados do WikiLeaks[6]. Em 2013, uma investigação parlamentar realizada na Islândia revelou que Thordarson se tornara informante do FBI contra o WikiLeaks e fora enviado para espionar Julian Assange e a equipe do WikiLeaks a favor da investigação norte-americana[7].

Em 2011, um analista da Força Aérea dos Estados Unidos baseado no Reino Unido foi submetido a uma investigação interna por manifestar apoio à missão do WikiLeaks e por assistir a audiências do julgamento de Julian Assange em Londres. Os documentos da investigação, revelados em resposta a uma solicitação nos termos das leis de liberdade de informação, registravam "Comunicando-se com o inimigo", no item "Fatos alegados"[8].

Em abril de 2014, o Departamento de Justiça apresentou uma declaração judicial dizendo que a investigação criminal "multiobjeto" contra o WikiLeaks estava "em curso" e devia continuar em sigilo[9]. Várias pessoas foram legalmente forçadas a testemunhar nas audiências do grande júri[10]. Associados e supostos associados do WikiLeaks foram detidos em aeroportos, privados de seus direitos e interrogados por agentes norte-americanos[11]. O processo judicial relativo ao julgamento de Chelsea Manning, soldada acusada de vazar informações ao WikiLeaks, revelou um arquivo do FBI referente à investigação do WikiLeaks que, na ocasião, tinha mais de 42.100 páginas, das quais aproximadamente 8.000 se referiam especificamente a Manning[12].

A perseguição a Chelsea Manning

Chelsea Manning foi detida sem julgamento por 1.103 dias, uma violação de seu direito à justiça rápida*. Juan Mendez, relator especial das Nações Unidas sobre tortura, considerou que Manning foi tratada de maneira cruel e desumana, o que poderia ser considerado uma forma de tortura[13]. O governo imputou a Manning – acusada de ser fonte do WikiLeaks – 34 incidentes individuais de violação do Uniform Code of Military Justice [Código Uniforme da Justiça Militar], e até de partes da Espionage Act [Lei de Espionagem], o que dá uma sentença máxima combinada de mais de cem anos de prisão[14].

Manning foi proibida pelo tribunal de argumentar em sua defesa, alegando interesse público, motivações ou ausência de danos concretos decorrentes de suas supostas ações[15]. Ela ofereceu uma confissão de culpa limitada[16]. O pleito foi rejeitado pelo governo, que tentou condenar Manning por todas as acusações. O caso foi a julgamento em junho de 2013, sob um sigilo sem precedentes, contra o qual o WikiLeaks e o Center for Constitutional Rights abriram um processo. Em agosto de 2013, Manning foi considerada culpada de 17 acusações e condenada a 35 anos de prisão[17]. No momento da publicação deste livro, ela está apelando da sentença no Tribunal de Apelações Criminais do Exército dos Estados Unidos[18].

Clamor pelo assassinato de Julian Assange e o WikiLeaks Task Force

A investigação do grande júri não foi a única forma de ataque ao WikiLeaks. Em dezembro de 2010, na esteira do Cablegate, vários políticos norte-americanos em atividade clamaram pelo assassinato extrajudicial de Julian Assange, inclusive por meio de um ataque de *drones*. Senadores norte-americanos caracterizaram o WikiLeaks como uma "organização terrorista" e classificaram Assange como um "terrorista *high tech*" e um "combatente inimigo" envolvido na "ciberguerra"[19].

Uma forte equipe de 120 pessoas denominada WikiLeaks Task Force (WTF), destinada a "tomar medidas" contra o WikiLeaks, foi organizada no Pentágono antes da divulgação dos Iraq War Logs e do Cablegate[20]. Outras forças-tarefa similares abertamente declaradas também foram criadas no FBI, na CIA e no Departamento de Estado norte-americano. O governo dos Estados Unidos começou a pressionar países aliados para deter Julian Assange e impedir o WikiLeaks de transitar ou operar em seus territórios[21].

---

* Em inglês, *speedy justice*. O termo se refere ao julgamento dos suspeitos imediatamente após sua detenção. (N. T.)

Censura direta

Em uma série de atos de censura extralegais, provedores de internet recusaram serviços ao wikileaks.org. No dia 1º de dezembro de 2010, a Amazon removeu o WikiLeaks de seus servidores e, no dia seguinte, o serviço DNS que direcionava ao domínio wikileaks.org foi cancelado. O WikiLeaks só foi mantido on-line durante esse período em virtude de uma iniciativa de "espelhamento em massa", na qual milhares de defensores do WikiLeaks se integraram num sistema de distribuição em massa criado e coordenado pelo WikiLeaks, oferecendo seus servidores para hospedar uma cópia das publicações do site. Milhares de outros apoiadores divulgaram os endereços IP e os nomes de domínio alternativos para o site WikiLeaks em suas redes sociais[22].

A administração Obama advertiu vários funcionários públicos federais de que o material divulgado pelo WikiLeaks permanecia sendo considerado confidencial – apesar de ter sido divulgado em algumas das maiores organizações de notícias do mundo, inclusive os jornais *The New York Times* e *The Guardian* –, informando-os de que o acesso ao material, fosse por meio do WikiLeaks.org ou do *The New York Times*, seria considerado uma violação de segurança. Órgãos do governo norte-americano, como a Biblioteca do Congresso, o Departamento de Comércio e as Forças Armadas, bloquearam o acesso ao conteúdo do WikiLeaks em suas redes[23]. E a proibição não se limitou ao setor público: instituições acadêmicas foram advertidas de que os estudantes que tivessem a ambição de seguir carreira no funcionalismo público deveriam evitar o conteúdo divulgado pelo WikiLeaks em suas pesquisas e atividades na internet[24].

No lançamento do Cablegate, em 28 e 29 de novembro de 2010, o WikiLeaks foi submetido a um ataque de "negação de distribuição de serviço" (DDoS, na sigla em inglês)[25]. O DDoS não conseguiu tirar o WikiLeaks do ar, mas afetou moderadamente a disponibilidade do site no momento dos ataques.

Campanhas de vigilância e subversão contra o WikiLeaks

Em 2011, soube-se que o Bank of America, por intermédio do escritório de advocacia Hunton & Williams LLP, contratara um grupo de empresas de segurança para realizar uma avaliação interna e dar uma resposta externa ao WikiLeaks. O vazamento de documentos internos mostrou que uma dessas empresas de segurança, a HBGary Federal, propôs a criação do "Team Themis" – uma força-tarefa privada que incluía a HBGary Federal, a Palantir Technologies e a Berico Technologies –, que realizaria uma campanha de subversão, desinformação e sabotagem contra o WikiLeaks, seus associados e até meros simpatizantes, como o jornalista Glenn Greenwald[26].

No início de 2014, foram publicados os documentos da Agência de Segurança Nacional que o denunciante da NSA Edward Snowden entregou a Glenn Greenwald, revelando que o Centro de Comunicações do Governo do Reino Unido (GCHQ, em inglês) fez uma vigilância em massa contra os visitantes regulares do site do WikiLeaks, rastreando seus endereços IP e consultas em tempo real. Os documentos mostram que o Grupo Conjunto de Inteligência para Pesquisas de Ameaças (em inglês, JTRIG) do GCHQ tem autorização para realizar, contra "adversários" on-line, "Operações Secretas Ativas na Internet", "Operações Técnicas Secretas" e "Operações sobre Bens", incluindo infiltração em salas de bate-papo, operações de "bandeira falsa"*, ataques a rede de computadores, ataques DDoS, interrupções, interferências ou bloqueios em linhas telefônicas, computadores e contas de e-mail e operações ofensivas para "destruir" e "abalar" os adversários[27]. Os mesmos documentos mostravam comunicações internas de alto escalão entre o escritório do assessor jurídico geral da NSA e outras autoridades sobre a possibilidade de designar o WikiLeaks como um "ator estrangeiro malicioso", com o objetivo de alvejá-lo[28].

CENSURA FINANCEIRA: O BLOQUEIO BANCÁRIO

O WikiLeaks é financiado por doações de apoiadores. Em dezembro de 2010, grandes instituições bancárias e financeiras, como Visa, MasterCard, PayPal e Bank of America, cederam à pressão não oficial norte-americana e passaram a negar a prestação de serviços financeiros ao WikiLeaks, bloqueando transferências bancárias e todas as doações realizadas com os principais cartões de crédito.

Embora fossem instituições norte-americanas, sua relevância nas finanças internacionais significou que doadores do mundo inteiro foram impedidos de enviar dinheiro ao WikiLeaks para apoiar suas atividades de divulgação.

O "bloqueio bancário", como a ação passou a ser conhecida, está sendo conduzido fora de qualquer procedimento judicial ou administrativo[29]. O WikiLeaks abriu processos judiciais em diferentes jurisdições ao redor do mundo na tentativa de romper o bloqueio. A Corte Suprema da Islândia decidiu a favor do WikiLeaks num processo contra a Valitor, subsidiária da Visa e da MasterCard[30]. O caso foi levado à Comissão Europeia, que iniciou uma investigação de abuso de poder das instituições envolvidas[31]. A investigação continua em curso no momento em que escrevo este livro. O Parlamento Europeu iniciou a legislação de regulação do mercado de serviços financeiros em resposta ao bloqueio ao WikiLeaks[32]. Um processo judicial está em andamento na Dinamarca.

Em abril de 2014, o bloqueio contra o WikiLeaks já tinha sido consideravelmente enfraquecido em consequência das ações coordenadas do WikiLeaks e de seus aliados. O WikiLeaks encontrou maneiras de receber doações por intermédio

---

* Em inglês, *"false flag attacks"*. Trata-se de operações militares ou paramilitares sigilosas concebidas para ludibriar o adversário, aparentando ser executadas por outras entidades, grupos ou nações. (N. T.)

de *gateways* de pagamento via *proxy*, que ainda não foram derrubados[33]. Algumas empresas têm suspendido discretamente o bloqueio, no todo ou em parte, abrindo uma frente para a entrada de doações[34].

Apreensão de registros eletrônicos

Em 14 de dezembro de 2010, o Twitter recebeu uma "intimação administrativa" do Departamento de Justiça dos Estados Unidos que ordenava a entrega de informações que pudessem ser relevantes para uma investigação sobre o WikiLeaks. A intimação é o mandado 2703(d), referente a um artigo da Lei de Comunicações Armazenadas. O governo norte-americano alega ter autoridade, nos termos dessa lei, para obrigar a revelação de registros de comunicações eletrônicas privadas sem que um juiz precise emitir um mandado de busca e apreensão – o que na prática cria uma base legal para contornar as proteções garantidas pela Quarta Emenda contra buscas e apreensões arbitrárias.

A intimação incluía nomes de usuários, registros de correspondência, endereços, números de telefone, informações bancárias e números de cartões de crédito vinculados a contas e pessoas supostamente associadas ao WikiLeaks, entre elas Julian Assange, o pesquisador de segurança e desenvolvedor de software Jacob Appelbaum, a parlamentar islandesa Birgitta Jónsdóttir, o empresário holandês e pioneiro da internet Rop Gonggrijp, Chelsea Manning e o próprio WikiLeaks. Sob os termos da intimação, o Twitter ficava impedido de informar às pessoas visadas que seus dados haviam sido requisitados. O Twitter recorreu contra a ordem de silêncio e obteve o direito de informar as partes de que seus registros estavam sendo solicitados.

Quando as intimações vieram à tona, o WikiLeaks solicitou publicamente que o Google e o Facebook divulgassem qualquer intimação relativa ao caso que tivesse sido emitida pelo governo[35]. Nenhuma das empresas respondeu.

Informados da intimação pelo Twitter, em 26 de janeiro de 2011 Appelbaum, Jónsdóttir e Gonggrijp, representados pela empresa de advocacia Kecker and Van Nest, pela American Civil Liberties Union (Aclu) e pela Electronic Frontier Foundation (EFF), entraram com um requerimento coletivo para rescindir a ordem. O incidente ficou conhecido como o "caso da intimação do Twitter"[36]. O advogado de Appelbaum entrou com um requerimento adicional para divulgar os autos do processo, ainda secretos, relativos às tentativas do governo de obter registros privados do Twitter e de qualquer outra empresa. Os dois requerimentos foram indeferidos por um magistrado dos Estados Unidos em 11 de março de 2011. Os pleiteantes recorreram.

Em 23 de junho de 2011, durante uma conversa registrada neste livro, Julian Assange pediu pessoalmente ao presidente do conselho do Google, Eric Schmidt, que informasse ao WikiLeaks qualquer intimação confidencial do governo exigindo a entrega de informações relativas ao WikiLeaks ou seus associados. Schmidt se recusou, alegando cláusulas de confidenciabilidade nas intimações do governo, mas disse que transmitiria o pedido ao departamento jurídico do Google. Depois disso, o Google não se manifestou mais sobre as intimações do governo.

No dia 9 de outubro de 2011 o *Wall Street Journal* revelou que o provedor californiano de e-mails sonic.net recebera uma intimação exigindo os dados de Jacob Appelbaum. A Sonic entrou com um recurso contra a ordem judicial do governo e perdeu, mas obteve permissão para divulgar que fora obrigada a fornecer informações a respeito de Appelbaum. Segundo o *Wall Street Journal*, o Google recebeu uma intimação similar, mas não informou se apelou ou não da decisão[37].

Em 10 de novembro de 2011, um juiz federal decidiu contra Appelbaum, Jónsdóttir e Gonggrijp, determinando que o Twitter deveria fornecer suas informações ao Departamento de Justiça[38]. Em 20 de janeiro de 2012, os pleiteantes voltaram a recorrer da decisão, contestando a proibição de divulgar as intimações, que poderiam ter sido enviadas a outras empresas, além do Twitter[39].

Em 23 de janeiro de 2013, o Tribunal de Apelações do Quarto Circuito negou a petição dos requerentes, opinando que a divulgação de outras intimações comprometeria uma investigação criminal conduzida pelo governo[40]. Não houve outros recursos.

Em 7 de junho de 2013, os documentos divulgados por Edward Snowden, denunciante da NSA, revelaram a existência do programa Prism, um programa confidencial que dava à NSA acesso aos servidores privados de um grupo de grandes empresas de serviços de internet, inclusive a Microsoft, o Skype, o Facebook, a Apple e o Google[41].

Em 18 de junho de 2013, dois ex-voluntários islandeses do WikiLeaks, Herbert Snorrason e Smári McCarthy, receberam e-mails do Google que continham mandados de busca e apreensão e ordens judiciais antes confidenciais que permitiam ao governo norte-americano apreender todo o conteúdo de suas contas no Gmail. As intimações judiciais estavam datadas de meados de 2011, mas o Google esperou as ordens de sigilo expirarem, em 2013, para informar sua existência[42].

O Google não revelou a existência de intimações ou mandados de busca contra o núcleo do WikiLeaks ou seus associados, mas a existência de mandados contra figuras periféricas, como Snorrason e McCarthy, indica que tais mandados são bastante prováveis e permanecem em sigilo.

Ameaças simultâneas

Independentemente do inquérito do grande júri sobre a publicação de documentos em 2010, as autoridades norte-americanas iniciaram um inquérito paralelo sobre a publicação de documentos vazados da empresa de inteligência privada Stratfor em 2012.

Os governos dos Estados Unidos e do Reino Unido iniciaram um processo penal contra a publicação de documentos confidenciais da NSA e do GCHQ, em 2013, entregues pelo denunciante Edward Snowden. Sarah Harrison, editora de investigações do WikiLeaks e cidadã britânica que ajudou Edward Snowden a não ser preso quando deixou Hong Kong, foi aconselhada a não retornar ao seu país natal devido ao risco de ser processada[43].

Asilo

Em junho de 2012, temendo uma perseguição por parte do governo dos Estados Unidos, Julian Assange se dirigiu à embaixada do Equador em Londres e pediu asilo formalmente[44].

Após dois meses de análise, durante os quais o governo do Reino Unido ameaçou entrar à força na embaixada, o que violaria a Convenção de Viena, o governo equatoriano declarou formalmente que a investigação dos Estados Unidos contra Julian Assange e o WikiLeaks constituía perseguição nos termos da lei internacional[45]. Julian Assange recebeu asilo[46].

Na data da publicação deste livro, Julian Assange permanecia havia dois anos na Embaixada do Equador em Londres, privado pelo governo do Reino Unido do direito de passagem segura para o país que o acolheria.

Notas

[1] Collateral Murder: <www.collateralmurder.com>; The Iraq War Logs: <www.wikileaks.org/irq>; The Afghan War Diary: <www.wikileaks.org/afg>; Cablegate: <www.wikileaks.org/cablegate.html>.
[2] "Congressional Committee Holds Hearing on National Security Leak Prevention and Punishment", *Reporters Committee for Freedom of the Press*, 11 jul. 2012, <archive.today/NAHgG>.
[3] Depoimento de Julian Paul Assange, WikiLeaks, 2 set. 2013, <archive.today/doiGA#3>.
[4] Depoimento de Julian Paul Assange, WikiLeaks, 2 set. 2013, <archive.today/0gUpy#5>.
[5] Raphael Satter, "Minister: Iceland Refused to Help FBI on WikiLeaks", *Associated Press*, 1º fev. 2013, <archive.today/Fgtyw>.
[6] Peter Stanners, "FBI Met WikiLeaks Informant in Copenhagen", *Copenhagen Post*, 15 ago. 2013, <archive.today/b2bL0>.
[7] "Iceland Minister: FBI Used Hacker to Bait WikiLeaks", *Iceland Review*, 14 fev. 2013, atualizado 30 jan. 2014, <archive.today/ZXsvFf>.
[8] "US Military Refers to Julian Assange and WikiLeaks as the 'Enemy' with the 'Victims' Being 'Society'", WikiLeaks, 26 set. 2012, atualizado 27 set. 2012, <archive.today/vOZv5>.
[9] "Judge in WikiLeaks FOIA Cites 'Events That Have Transpired,' Government Claims FOIA Is 'Improper'", *emptywheel*, 10 abr. 2014, <archive.today/QVpR7>. Essa informação foi reconfirmada em maio de 2014. Veja Philip Dorling, "Assange Targeted by FBI Probe, US Court Documents Reveal", *Sydney Morning Herald*, 20 maio 2014, <archive.today/zFhv7>. Sobre os documentos judiciais mencionados no artigo do *Sydney Morning Herald*, veja o Case 1:12-cv-00127-BJR no Tribunal Distrital dos Estados Unidos, Distrito de Columbia (<is.gd/hvvmgM>).

[10] Glenn Greenwald, "WikiLeaks Grand Jury Investigation Widens", *Salon*, 9 jun. 2011, <archive.today/SH0O9>.

[11] "Part 2: Daniel Ellsberg and Jacob Appelbaum on the NDAA, WikiLeaks and Unconstitutional Surveillance", *Democracy Now!*, 6 fev. 2013, <archive.today/gHd46>. Veja também Elinor Mills, "Researcher Detained at U.S. Border, Questioned about WikiLeaks", *CNET*, 1º ago. 2010, <archive.today/iCiPL>. Veja também Xeni Jardin, "WikiLeaks Volunteer Detained and Searched (again) by US Agents", *Boing Boing*, 12 jan. 2011, <archive.today/1LtnW>. Veja também Paul Fontaine, "Jacob Appelbaum Detained at Keflavík Airport", *Reykjavík Grapevine*, 27 out. 2011, <archive.today/4AJlF>. Veja também "Snowden Ally Appelbaum Claims His Berlin Apartment Was Invaded", *Deutsche Welle*, 21 dez. 2013, <archive.today/gvdlh>. Veja também Andrew Fowler, Wayne Harley, "Sex, Lies and Julian Assange" (vídeo), *Four Corners*, ABC, 23 jul. 2012, atualizado em 16 maio 2013, <archive.today/HCpDj>.

[12] Alexa O'Brien, "WikiLeaks Grand Jury – 7 Civilians Being Target by FBI for #WLGrandJury including #WikiLeaks Founders, Associates", alexaobrien.com, 21 jun. 2012, <archive.today/cJ0Ho>.

[13] Ed Pilkington, "Bradley Manning's Treatment Was Cruel and Inhuman, UN Torture Chief Rules", *The Guardian*, 12 mar. 2012, <archive.today/DRcZq>.

[14] Kim Zetter, "Bradley Manning Charged with 22 New Counts, Including Capital Offense", *Wired*, 3 fev. 2011, <archive.today/X6Y4A>.

[15] Ed Pilkington, "Bradley Manning Denied Chance to Make Whistleblower Defence", *The Guardian*, 17 jan. 2013, <archive.today/Kn8EQ>.

[16] Alexa O'Brien, "Pfc. Manning's Statement for the Providence Inquiry", alexaobrien.com, 28 fev. 2013, <archive.today/Fjjo0>.

[17] Tom McCarthy, "Bradley Manning Tells Lawyer after Sentencing: 'I'm Going to Be OK' – as It Happened", *The Guardian*, 21 ago. 2013, <archive.today/kND5Y>.

[18] "Chelsea Manning's 35-Year Prison Sentence Upheld by US Army General", *The Guardian*, 14 abr. 2014, <archive.today/GP08a>.

[19] Nick Collins, "WikiLeaks: Guilty Parties 'Should Face Death Penalty'", *Telegraph*, 1º dez. 2010, <archive.today/RG81n>.

[20] "DOD News Briefing with Geoff Morrell from the Pentagon" (transcrição), site do Departamento de Defesa dos Estados Unidos, 5 ago. 2010, <archive.today/F3CC1>. Veja também Philip Shenon, "The General Gunning for WikiLeaks", *The Daily Beast*, 9 dez. 2010, <archive.today/xx5gK>.

[21] Philip Shenon, "U.S. Urges Allies to Crack Down on WikiLeaks", *The Daily Beast*, 8 out. 2010, <archive.today/Dvkgy>.

[22] Charles Arthur e Josh Halliday, "WikiLeaks Fights to Stay Online after US Company Withdraws Domain Name", *The Guardian*, 3 dez. 2010, <archive.today/43Jqz>.

[23] Matt Raymond, "Why the Library of Congress is Blocking WikiLeaks", *Library of Congress Blog*, 3 dez. 2010, <archive.today/mVspZ>. Veja também Ewen MacAskill, "US Blocks Access to WikiLeaks for Federal Workers", *The Guardian*, 3 dez. 2010, <archive.today/i1LYt>. Veja também Rowan Scarborough, "Military Ordered to Stay off WikiLeaks", *Washington Times*, 6 ago. 2010, <archive.today/eZBJk>.

[24] Ewen MacAskill, "Columbia Students Told Job Prospects Harmed If They Access WikiLeaks Cables", *The Guardian*, 5 dez. 2010, <archive.today/f0vgV>.

[25] Craig Labovitz, "WikiLeaks Cablegate Attack", *Abor Networks IT Security Blog*, 29 nov. 2010, <archive.today/GOYuB>. Veja também Craig Labovitz, "Round 2: DDoS *Versus* WikiLeaks", *Abor Networks IT Security Blog*, 30 nov. 2010, <archive.today/CK2Mm>.

[26] Nate Anderson, "Spy Games: Inside the Convoluted Plot to Bring down WikiLeaks", *Ars Technica*, 14 fev. 2011, <archive.today/wBM2J>.

[27] Mark Schone, Richard Esposito, Matthew Cole e Glenn Greenwald, "War on Anonymous: British Spies Attacked Hackers, Snowden Docs Show", *NBC News*, 5 fev. 2014, <archive.today/dDR6q>.

[28] Glenn Greenwald e Ryan Gallagher, "Snowden Documents Reveal Covert Surveillance and Pressure Tactics Aimed at WikiLeaks and Its Supporters", *Intercept*, 18 fev. 2014, <archive.today/krpPf>.

[29] "Banking Blockade", WikiLeaks, 28 jun. 2011, <archive.today/Juoc6>.

[30] "WikiLeaks and DateCell Sue Valitor for 9 Billion ISK", *News of Iceland*, 5 jul. 2013, <archive.today/pWMBb>.

[31] "European Commission Enabling Blockade of WikiLeaks by U.S. Hardright Lieberman/King, Contrary to European Parliament's Wishes", WikiLeaks, 27 nov. 2012, <archive.today/ozC22>.

[32] "European Parliament Votes to Protect WikiLeaks", WikiLeaks, 20 nov. 2012, <archive.today/AVjUD>.

[33] "Press Release: WikiLeaks Opens Path through Banking Siege", WikiLeaks, 18 jul. 2012, <archive.today/Yi41S>. Veja também "WikiLeaks Declares War on Banking Blockade", WikiLeaks, 16 dez. 2012, <archive.today/9aT0N>.

[34] "MasterCard Breaks Ranks in WikiLeaks Blockade", WikiLeaks, 3 jul. 2013, <archive.today/boHPO>.

[35] Peter Beaumont, "WikiLeaks Demands Google and Facebook Unseal US$ Subpoenas", *The Guardian*, 8 jan. 2011, <archive.today/HRGYW>.

[36] O caso é oficialmente conhecido como "In the Matter of the 2703(d) Order Relating to Twitter Accounts: WikiLeaks, Rop_G, IOERROR; and BirgittaJ".

[37] Julia Angwin, "Secret Orders Target Email", *The Wall Street Journal*, 10 out. 2011, <archive.today/W0Sla>.

[38] Somini Sengupta, "Twitter Ordered to Yield Data in WikiLeaks Case", *The New York Times*, 10 nov. 2011, <archive.today/NTSQb>.

[39] "ACLU & EFF to Appeal Secrecy Ruling in Twitter/WikiLeaks Case" (comunicado à imprensa), *Electronic Frontier Foundation*, 20 jan. 2012, <archive.today/KiVs1>.

[40] "Government Demands Twitter Records of Birgitta Jonsdottir: 4th Circuit Opinion", *Electronic Frontier Foundation*, <archive.today/3Xfpt>.

[41] Dominic Rushe e James Ball, "PRISM Scandal: Tech Giants Flatly Deny Allowing NSA Direct Access to Servers", *The Guardian*, 7 jun. 2013, <archive.today/qAnuF>.

[42] Smári McCarthy, "The Dragnet at the Edge of Forever", smarimccarthy.is, 21 jun. 2013, <archive.today/CLO5x>. Veja também Herbert Snorrason, "On Confirmed Assumptions, or, Not Trusting Google is Good Idea", anarchism.is, 21 jun. 2013, <archive.today/bCRkp>.

[43] Sarah Harrison, "Britain Is Treating Journalists as Terrorists – Believe Me, I Know", *The Guardian*, 14 mar. 2014, <archive.today/gACHR>.

[44] Para um breve histórico, veja "Extraditing Assange", justice4assange.com, <archive.today/y3NPZ#WHAT>.

[45] "Britain's Threat to Ecuador 'without Precedent,' Days International Law Expert", *Australian*, 16 ago. 2012, <archive.today/43OD2>.

[46] "Ecuador Grants Asylum to Julian Assange" (coletiva de imprensa), WikiLeaks Press, 16 ago. 2012, <archive.today/oH8Au>.

Agradecimentos

Meus mais profundos agradecimentos vão para a equipe do WikiLeaks, Sarah, Joseph, Kristinn e muitos outros – igualmente insubstituíveis – que não podem ser nomeados; nossos amigos do público, que nos fazem ir em frente; nossos aliados, que sabem quem são; nossos advogados, excessivamente numerosos no momento, mas aos quais sou muito grato; Eric, Jared, Lisa e Scott, por me incentivar a escrever; o Equador e seu povo, que têm sido muito bons comigo, e sem a proteção dos quais eu não poderia escrever este livro; E. I. e B. H., que passaram muitas noites em claro para fazê-lo acontecer; todo o pessoal da OR Books, especialmente Colin, John e Alex, pelo apoio e paciência; e os que lutam pela liberdade – Chelsea Manning, Jeremy Hammond, Barrett Brown, Rudolf Elmer, Gottfrid Svartholm Warg, Peter Sunde Kolmisoppi, John Kiriakou, Edward Snowden, o PayPal 14 e todos os outros anônimos corajosos e conscienciosos que continuam a ser uma inspiração.

Detalhe de intervenção artística de Thierry Ehrmann no Musée l'Organe (também conhecido como Abode of Chaos), em Saint-Romain-au--Mont-d'Or, França. Foto: Thierry Ehrmann, 2010.

OUTROS LANÇAMENTOS DA BOITEMPO EDITORIAL

Cypherpunks: liberdade e o futuro da internet
JULIAN ASSANGE, COM JÉRÉMIE ZIMMERMANN,
JACOB APPELBAUM E ANDY MÜLLER-MAGUHN
Tradução de **Cristina Yamagami**
Orelha de **Pablo Ortellado**

O ódio à democracia
JACQUES RANCIÈRE
Tradução de **Mariana Echalar**
Orelha de **Renato Janine Ribeiro**

A cidade e a cidade
CHINA MIÉVILLE
Tradução de **Fábio Fernandes**
Orelha de **Ronaldo Bressane**

📖 COLEÇÃO TINTA VERMELHA

Occupy: movimentos de protesto que tomaram as ruas
SLAVOJ ŽIŽEK, TARIQ ALI, VLADIMIR SAFATLE ET AL.
Prefácio de **Henrique Carneiro**
Quarta-capa de **Leonardo Sakamoto**

Cidades rebeldes: Passe Livre e as manifestações que tomaram as ruas do Brasil
DAVID HARVEY, ERMÍNIA MARICATO, MIKE DAVIS ET AL.
Quarta-capa de **Paulo Arantes** e **Roberto Schwarz**
Imagens de **MídiaNINJA**

Brasil em jogo: o que resta da Copa e das Olimpíadas?
ANDREW JENNINGS, CARLOS VAINER, RAQUEL ROLNIK ET AL.
Quarta-capa de **Gilberto Maringoni** e **Juca Kfouri**
Apresentação de **João Sette Whitaker Ferreira**

📖 COLEÇÃO MARX-ENGELS

O capital: crítica da economia política
Livro II: *O processo de circulação do capital*
KARL MARX
Tradução de **Rubens Enderle**
Prefácio de **Michael Heinrich**
Orelha de **Ricardo Antunes**

📖 COLEÇÃO ESTADO DE SÍTIO

Altíssima pobreza: regras monásticas e forma de vida
GIORGIO AGAMBEN
Orelha de **Edson Teles**
Tradução de **Selvino J. Assmann**

O novo tempo do mundo e outros estudos sobre a era da emergência
PAULO ARANTES
Prefácio de **Marildo Menegat**
Orelha de **Pedro Rocha de Oliveira**

📖 COLEÇÃO MUNDO DO TRABALHO

Riqueza e miséria no trabalho do Brasil III
RICARDO ANTUNES (ORG.)
Orelha de **Marco Aurélio Santana**

Sem maquiagem: o trabalho de um milhão de revendedoras de cosméticos
LUDMILA COSTHEK ABÍLIO
Prefácio de **Leda Paulani**
Orelha de **Ursula Huws**

Cena do documentário *O menino da internet: a história de Aaron Swartz* (dir. Brian Knappenberger, Estados Unidos, 2014) mostra Aaron em 2009, durante a campanha Honor Kennedy, que tratava da reforma do sistema de saúde norte-americano.

Lançada em fevereiro de 2015, esta edição brasileira homenageia o programador e ativista norte-americano Aaron Swartz, que há dois anos cometeu suicídio por não suportar a pressão exercida pelo governo dos EUA, que com força descomunal o processava por sua luta pelo direito à informação livre e aberta na rede. O livro foi composto em Adobe Garamond Pro 11/13,2 e impresso em papel Norbrite 66,6 g/m², pela gráfica Intergraf, para a Boitempo Editorial, com tiragem de 5 mil exemplares.